ETAPAS VITALES

I0472026

¡Agradece tu pasado, vive tu presente, y desarrolla tu futuro!

ARIEL HERNÁN CASTIGLIONI
CLAUDIO ALBERTO GONZÁLEZ

Publicidad del taller que originó este libro.

Queremos atesorarlo y compartirlo.

Copyright © 2019

Ariel Hernán Castiglioni y Claudio Alberto González

ISBN: **9781092147187**

Versión 29-04-2019 vA04 22,614 palabras

ETAPAS VITALES

¡Agradece tu pasado, vive tu presente, y desarrolla tu futuro!

Índice de Contenido

Etapa– Definición de RAE *(Real Academia Española - 2018)*

https://dle.rae.es/srv/search?&w=etapa

Del fr. étape.
1. f. Trecho de camino de un recorrido determinado.
2. f. Lugar donde se hace una parada de descanso durante un desplazamiento.
3. f. Fase en el desarrollo de una acción u obra.
4. f. Mil. Ración que se da a la tropa en campaña o marcha.

Vital - Definición de RAE *(Real Academia Española- 2018)*

https://dle.rae.es/srv/search?&w=vital

Del lat. vitālis.
1. adj. Perteneciente o relativo a la vida.
2. adj. De suma importancia o trascendencia. Cuestión vital.
3. adj. Que está dotado de gran energía o impulso para actuar o vivir.

***Constelación**-Definición RAE (Real Academia Española 2018)*

https://dle.rae.es/srv/search?&w=constelaci%C3%B3n

Del lat. constellatio, -ōnis.
1. f. Conjunto de estrellas que, mediante trazos imaginarios, forman un dibujo que evoca una figura determinada.
2. f. Conjunto, reunión armoniosa.
3. f. desus. Clima o temple.

Ariel H. Castiglioni
http://arielcastiglioni.com/

Experto en Desarrollo Organizacional y Directivo. Contador Público (UCA). Especialista en Gestión de Recursos Humanos de Administración Pública de Universidad de Harvard.

Veinticinco años de trayectoria en posiciones de management en empresas privadas, públicas y OSCs de Latinoamérica y EEUU. Fue Director de Integrar Recursos Humanos, CEO del Grupo Conocimiento y Dirección. Ha desempeñado posiciones directivas en SAP, Shell CAPSA, IBM, Educ.ar y Price Waterhouse& Co.

Certification international del INFOSYON International Forum for System Constellations in Organizations and Talent Manager 2012/13).

Docente de Educación Ejecutiva de la Universidad Torcuato Di Tella en temas de Gestión del cambio, liderazgo y autoconocimiento.

Autor de "Educación y Nuevas Tecnologías: ¿Una Moda o Cambio Estructural? (Veredit) y "Rejerarquizando La Educación Terciaria: Aportes Alternativos para una Mejora" (Fundación Grupo Sophia – Deloitte&Touche). Publicó el libro "Desarrollando Líderes" junto a los fundadores del Centro de Desarrollo de Liderazgo del ITBA – Ed. Temas (2012). Autor del libro "Humor y Management" publicado en Amazon Kindle (2018).

Claudio A. González
http://cfclaudiogonzalez.blogspot.com.ar/

Profesional del área de Marketing con pensamiento estratégico y visión generalista del negocio. Cuenta con más de veinte años de trayectoria como Directivo, desarrollada en Compañías Nacionales e Internacionales de Venta Directa, dentro del país y en el exterior. Experimentado en administrar situaciones de crisis y de cambio organizacional.

Desde el 2005 se dedica a la Consultoría, Capacitación, Comunicación Interna y Coaching. Ha desarrollado el Programa de Optimización Organizacional ® (POO) en el que además aplica el enfoque Fenomenológico, las Intervenciones Sistémicas y el Management Sistémico en Organizaciones. Su trabajo lo desarrolla tanto en el mercado local como el internacional (Argentina, Chile, México, Perú y Uruguay).

Diplomado en Habilidades Directivas (PHD, Universidad de Chile) 2004/2005. Postgrado en Marketing Avanzado (ISEAN-Levy&Marketing) 1996/1997. Coach Organizacional (LLC-Leading Learning Communities) 2001/2002. Licenciatura en Comercialización (Articulación en UCS-Universidad Católica Salta) 1999/2000. Técnico Superior en Comercialización (FAECC Fundación de Altos Estudios en Ciencias Comerciales) 1984/1988.

Certificación Internacional en Management Sistémico y Constelaciones Organizacionales (UDEC, Universidad Multicultural Emilio Cárdenas de México. INFOSYON International Forum for System Constellations in Organizations and Talent Manager 2012/13). Formación Internacional en Constelaciones

Organizacionales e Intervenciones Sistémicas (Centro Bert Hellinger Argentina 2011). Constelaciones Familiares y Soluciones Sistémicas (Centro Bert Hellinger Argentina 2009/10). Eneagrama Personal y Organizacional (Centro Argentino de Eneagrama 2001/03).

Prólogo de un participante

(que vivió el taller y el nacimiento de este libro)

Este fin de semana asistí a un taller dictado por Ariel y por Claudio. El lugar donde se llevó a cabo era una reserva natural rodeado de un campestre paisaje. Nos hospedamos en acogedoras y cómodas cabañas. La comida fue grandiosa, alimentándonos tanto el cuerpo como el espíritu. Vegetales y frutos frescos, combinado con comidas regionales, pizza, y tortas deliciosas. Despertar el domingo y respirar la brisa entre las ramas de los árboles al tiempo que sobrevolaba un gran y cristalino lago invitaba a la entrega. Un rico café y tostadas de campo fueron el corolario perfecto para comenzar una aventura.

Y aventura fue. La experiencia fue excepcional. Sentí, viví, observé, lloré, y principalmente descubrí. Sí, Ariel y Claudio, ustedes nos han invitado a los participantes y a nuestras familias a mirarnos desde otro lugar, y a descubrirnos por primera vez. Experiencias, sentimientos, historias, y principalmente actividades nos fueron revelando ante otros y ante nosotros mismos a través de las horas, como una fotografía en un viejo laboratorio.

Una historia tras otra me hizo vibrar al ritmo de las palabras que parecían fluir desde un lugar desconocido dentro de cada uno de nosotros. Me cautivó ver las habilidades y energía de los coordinadores, Claudio y Ariel, conectando, sin prisa y con calma, conteniendo y asistiendo a todos y cada uno de los concurrentes al taller.

Cuando Ariel y Claudio nos convocaron para ayudarlos a dar vida a este libro, con el noble fin de ser útil a más personas con estas lecturas, nos conmovimos. Sentimos que nuestro "hacer" y nuestro "ser" nos ayudarían a lograr trascender su misión, construyendo así un legado. ¡Nosotros amamos los libros porque hacen que las ideas, las historias y las experiencias perduren a través de los años y de los siglos!

Que los autores me hayan elegido para escribir el prólogo de su primer libro fue un gran honor para mí. Imaginar que las palabras vertidas aquí podrán servir a muchas personas, nos enorgullece y llena de satisfacción tanto a mí y como a todos los participantes.

Dentro de unos años algunos de nosotros no estaremos aquí. Sin embargo, sí estarán nuestras familias, los amigos y sus familias y, principalmente, los lectores.

Nosotros, al experimentar esta increíble vivencia y poder ponerla en palabras, dejamos este granito de arena para ayudar a quien lo necesite, y sentimos que cada segundo que hemos vivido hasta este momento valió la pena. Esperamos de corazón que al leerlo tu sientas lo mismo, porque tu camino, el que sea que hayas recorrido, te ha traído a tener estas páginas en tus manos.

Todos los participantes llegamos por diferentes razones y caminos. Algunos asistieron porque deseaban un cambio laboral, otros para resolver vínculos familiares, otros por confusiones vocacionales. Y de un día para el otro todos nos encontramos en un mismo tren, en un mismo sendero, encaminados en un viaje hacia nuestro interior. Y en ese viaje hacia nosotros mismos sentimos que no sólo nos encontrábamos, sino que nos trascendíamos y más adentro viajábamos, más nos encontrábamos con los demás. Un viaje hacia adentro que nos llevó también hacia el afuera. Ese afuera, ese "otro" que sentimos tan lejano y tan desconectado de nosotros resultó ser parte de nosotros también, con las historias repetidas, las emociones compartidas, y las vivencias semejantes. Compartir con ustedes lo que las palabras me permitan de semejante extraordinario viaje me llena de emoción y de alegría.

Gracias nuevamente Ariel y Claudio por su energía y su enorme conocimiento puesto al servicio de un bien mayor, el "DAR". Gracias por permitirme escribir estas palabras que son un modesto prólogo a su primer libro juntos. Y les deseo, por el bien de un mundo sediento de una más profunda y sana vida emocional, que escriban muchos libros más.

Todavía siento en mi piel la energía de Ariel y de Claudio en sus palabras finales del taller, y aún me conmueve recordar la emoción del mismo Ariel al cierre del encuentro.

Si este libro está en tus manos ahora significa que estás leyendo el primer libro conjunto de Ariel y Claudio; significa que hemos trascendido. Lo hayas comprado en Amazon (¿o ya han pasado años y lo adquiriste en otro lugar?); o quizás alguien te lo ha regalado (pregúntate quién y porqué), o lo hayas encontrado en el banco de una plaza o en la mesa de un bar. Cualquiera sea el caso, te invito, humildemente, a que lo leas. Ya sea que lo disfrutes todo o te enojes en partes, te incito a que mires hacia adelante, a que abras tu corazón y lo embebas de cada palabra que Ariel y Claudio nos comparten. Sólo puedo ofrecerte a vivir este libro y compartirlo. Y, por qué no, a vivir tu propia experiencia en uno de los encuentros. Te aseguro no te vas a arrepentir.

Si algo más me quedó por decir de lo que yo aprendí y que atesoraré por siempre es que el cambio sólo ocurre cuando nos comprometemos a avanzar. Por eso, si de verdad quieren lograr esa vida plena que tanto han soñado, comprométanse a avanzar para hacerla realidad.

Finalmente, y una vez más, …. ¡Gracias Ariel y Claudio por brindarme la oportunidad de agregar estas palabras a su libro!

Firma: Agradecida por participar de esta inolvidable y transformadora experiencia.

Introducción por Ariel Castiglioni

Las vivencias acontecidas durante el encuentro fueron más que enriquecedoras. Quiero comenzar esta introducción con un pedido. Los invito a que piensen en sus padres, denles un abrazo, agradézcanles que estás aquí. Denles las gracias por la vida que les dieron, ya que gracias a ellos son lo que son, con las luces y con las sombras. Fueron ellos quienes les obsequiaron este milagro llamado vida.

Había escrito otras palabras para esta introducción, pero las tuve que cambiar. No lograban reflejar mi real sentir. Sentí muchas emociones durante este taller.

Un buen comienzo es agradecer a quienes nos han ayudado y brindado soporte en nuestras conquistas. Agradezcamos a nuestros padres, a nuestros cónyuges (y por qué no también a los ex) por su apoyo, a nuestros hijos por sus sonrisas siempre disponibles, a nuestros amigos por la fortaleza que nos dan esos vínculos. Agradezcamos a nuestros padres con todo lo que han pagado para darnos lo mejor que han podido. Y lo han pagado de muchas maneras. La más obvia es en dinero. Pero las no tan obvias son en tiempo, en sacrificio, y en postergación. Agradezcamos también a la familia, los amigos, profesores, y toda persona o entidad que nos haya contribuido a estar hoy donde estamos, buscando ir más profundo y buscando una mejor calidad de vida.

Pero nunca hay que olvidar que es tu propio esfuerzo lo que hará que consigas tus logros. Como profesional interviniente en tu proceso puedo decir que **tus logros son también mis logros. Y también que mis logros son tuyos.** Ese es el espíritu que quiero compartirte. Es un esfuerzo enorme escribir un libro y a través de él deseo ayudar a los demás. Entonces sólo sentiré el éxito de este escrito si tu logras tu éxito, si alcanzas tus objetivos y los consigues mantener en el tiempo.

Alcanzar nuestros éxitos tiene un costo. Muchas veces asumir los costos nos ayuda a valorar lo que tenemos. Como cuando pagamos la entrada a un recital para escuchar nuestra banda favorita y eso nos hace darle más valor. En la vida pasa lo mismo. También pagamos por lo que es importante para nosotros. Pagamos con **nuestro esfuerzo** los alcances que conseguimos. Y la retribución es enorme, porque nos hace valorarnos más a nosotros mismos también.

Las etapas vitales se tratan de eso. De agradecer la etapa anterior y avanzar hacia la etapa siguiente. Podemos dividir las etapas en las categorías que deseemos. En este libro usamos septenios, pero se podrían usar cumpleaños, decenios, y también categorizarlas por otro atributo que no sea el tiempo. Por ejemplo, el involucramiento en una actividad o el comienzo de nuevas etapas o el final de otras (colegio primario, segundario, el primer verdadero amigo, el primer gran amor, el primer trabajo, el trabajo de mi vida, el primer emprendimiento, el primer matrimonio, el primer hijo, el primer nieto, el último gran amor, y así podríamos enumerar decenas de categorías). Todas son etapas vitales, es decir trechos de un camino de suma importancia.

Este libro es una estación en el camino de cada uno de ustedes. Es un descanso a la sombra de un árbol frondoso y fresco para sentarse unos momentos, disfrutando de esa pausa, y regalarte un momento para pensar y hacerte algunas preguntas importantes.

A veces las personas enfrentamos un desafío con el disfrute. Quiero hacer un alto en esta introducción por un momento para referirme al dinero.

Sabemos que muchas personas dicen no encontrar la plena satisfacción debido a la carencia de dinero. Pero los años que llevo trabajando con personas de mucha fortuna me ha enseñado que esa frase está mal enunciada. El dinero es, en su esencia, solamente papel, un vehículo de intercambio. Sin embargo, para cada uno de nosotros puede significar cosas muy distintas. Para una persona el dinero puede ser la pieza faltante para adquirir su vivienda o su medio de transporte, o la vía para conocer el mundo. Para otros será la armadura que los haga sentir protegidos, poderosos e invencibles. Para otros será el adoquín que conforme el camino que solvente el deseo de emprender. Y en muchos casos será la viga para sostener una buena salud o mantener la vida. En fin, hay una gran cantidad de usos y significados que podemos darle al dinero.

Personalmente, para mí el dinero es libertad. Representa la tranquilidad que necesito para hacer muchas actividades que me gustan desarrollar. Gracias a él puedo emprender muchos proyectos que me hacen feliz y que me ayudan a ayudar, lo cual me hace doblemente feliz. Yo lo llamo **libertad financiera**, es decir, la libertad de disponer de mi tiempo con absoluta tranquilidad porque, aún si me faltara trabajo o salud, el estilo de vida de mi familia no se afectaría. A mí me puede gustar un departamento con mucha luz, otra persona puede preferir un jardín, otro sería feliz con una planta en una ventana, y otro podría vivir en cualquier parte donde su conyugue lo lleve, pues solamente es feliz con su abrazo. ¿En qué impacta el dinero? En el estilo de vida terrenal, pues el dinero es terrenal.

La libertad espiritual la tenemos siempre. Es intrínseca a nuestro ser. Siempre somos y seremos libres. Por lo cual cuando me escuchen decir que el dinero otorga libertad quiero expresarles que el dinero impulsa un estilo de vida que ayuda a ampliar la libertad que ya tenemos.

Quiero agradecer a Deborah, Ezequiel, Facundo, Gabriel, Guadalupe, Joaquín, Juan Martín, Laura, María, Roberta, Santiago, Tomás, y Verónica por brindar sus experiencias y energía en este camino. Ojalá les guste este libro y lo compartan, ustedes han sido luces en mi camino.

Agradezco a Claudio, mi compañero en este nuevo desafío, por su increíble liderazgo, creatividad, y conocimiento en Constelaciones Sistémicas. Pero principalmente por su amistad y su visión de pasado, presente y futuro.

Le doy gracias también a toda las personas que me ayudan y me han ayudado en cada momento de este camino. También agradezco a quienes nos asisten en el proceso editorial con este libro y todos los que vendrán, y a todos y cada una de las personas que me acompañan.

Gracias a mi hermana Silvia, que me enseña desde su rol de madre. Gracias a Fernando por su tenacidad de luchar por lo que anhela para su vida. Y gracias también a mi sobrino Thiago que a su temprana edad me enseña algo nuevo cada día. Gracias a mi hermano Hernán que, desde su estilo de vida tan diferente al mío, me hace reflexionar sobre cosas que nunca se me hubieran ocurrido. Gracias Cris, mi compañera durante más de veinte años con quien tuvimos dos fantásticos hijos, Tomas y Mateo. Hemos tomado rumbos separados como matrimonio, pero aprecio su fuerza y su apoyo, el de antes y el de ahora. Le agradezco también por ser una mujer maravillosa, cuyos valores y sostén siguen vigentes como el primer día. Agrego que mis hijos me ayudan en mis libros, me los corrigen, me proponen fotos, comentarios, y son fabulosos. Como padre me siento orgulloso de ellos, y dejo para siempre en estas palabras impresas un abrazo inmenso y eterno para ellos.

Este libro, al tratarse de etapas vitales, quiero dedicárselo a mis padres Oscar y Nélida. Gracias por haberme ayudado en cada momento de mi vida. De corazón les dedico un enorme gracias. Muchos de sus abrazos, palabras, enseñanzas, consejos, desafíos, tiempo y especialmente contención me acompañan a cada instante. Ellos me han enseñado a planificar y no tropezar con las piedras que aparecieron, aparecen y seguirán apareciendo en el camino. Gracias a ellos tuve la fuerza de alcanzar logros que son muy difíciles para la mayoría de las personas. Obtuve un diploma universitario y un postrado en Harvard. Pero son ínfimos logros comparados con lo que ellos han producido en mi persona. Soy mejor persona gracias a ellos, y quiero volcar estos sentimientos en este libro para que puedan leerse en todo tiempo y lugar.

También agradezco a la ciencia logosófica, que me asiste en mi desarrollo espiritual y me enseña a hacer el bien a otras personas, logrando que cada día avance más firmemente en mi vocación, mis objetivos, y mis anhelos.

Dicho esto, ya es momento de introducir el libro.

En este libro veremos cuatro temas: el Comenzar, Las Constelaciones, Nuestras Particularidades, y el Avanzar. Se los resumiré con una metáfora sobre el camino.

- **Comenzar.** Para recorrer un camino debo empezar a transitarlo. Mucha gente no se pone a andar, el sólo pensar en moverse del lugar donde está los inmoviliza. Por favor, avancen, siempre hay tiempo en un camino para retroceder si eligen cambiar de sendero. Avanzar no significa no poder retroceder. Avanzar es estar en movimiento.
- La introducción sobre **Constelaciones** se la dejo a Claudio, pero les adelanto que en nuestro equipaje incluimos el sentir de otras personas y nuestras historias pasadas, presentes y futuras. Esto constituye un mapa que cambia, produce mejoras, y establece nuevos y mejores caminos.

- **Nuestras particularidades,** somos nosotros y nuestro equipaje. Incluimos en este libro herramientas como la regla PIE, el DDE, el DDEM y Nuestro Espejo. Ellas nos permitirán ver mejor nuestra empleabilidad, como así también otras características.
- **Avanzar.** Es la fuerza de nuestra determinación por crecer, movernos, y finalmente llegar donde queremos ir.

Agregamos una quinta sección al final, consecuencia del arribo a nuestro destino: *Sostener el futuro.* Muchos han llegado, pero no han podido mantenerse, aquí fortalecemos cómo intervenir.

Un camino es algo simple de definir, pero eso no quiere decir que sea simple de recorrer. Deseo que este libro los asista en su camino elegido.

Ariel

Introducción por Claudio A. González

Este es mi primer libro. Quiero comenzar agradeciendo a Ariel especialmente y a todos los participantes de este taller que originó este libro, entre los cuales se encontraba mi hijo Joaquín, de quien me siento muy orgulloso y agradecido por su fuerza e inspiración en cada instante. Gracias a esa fuerza puedo avanzar. Mis hijos, Joaquín y Abril, son mi gran tesoro, mis maestros y en los que me veo reflejado. Gracias por su paciencia y por estar siempre. Son mi fuente de inspiración para poder ayudar a otros. ¡Los amo!

Con Ariel nos conocemos desde el 2012. Ambos participamos de un seminario de Constelaciones Organizacionales dictado por el austriaco Claude Rosselet. Nuestro primer contacto fue durante un ejercicio muy profundo. Debíamos mirarnos a los ojos durante cinco minutos dejando fluir todo lo que de nuestro corazón y alma saliera, y compartirlo con nuestro compañero. Wow... ¡eso sí que fue muy fuerte! ¡Desde ese día se produjo una conexión, como la que podemos ver en la película Avatar! Con el tiempo comenzamos a trabajar juntos asistiendo a algunas organizaciones. Ariel me derivaba pacientes de constelaciones, yo le derivaba coachees. Tuve el placer de recibirlo en tres de las convivencias intensivas de constelaciones que organicé, hasta que a fines del 2018 confluimos en un pensamiento... ¿Y si armamos algo juntos destinado a empoderar a las personas y ayudarlas a progresar y mejorar en sus vidas? De esta manera podíamos darle un marco teórico, práctico y vivencial a nuestro trabajo, utilizando dinámicas y constelaciones y así lograr generar y provocar un cambio profundo. Eso sí que nos motivó. Encendió nuestra pasión por el DAR. Se activó en nosotros la DDE (Decisión-Determinación-Ejecución) y en menos de dos meses llegamos hasta aquí. ¡Si estás leyendo estas líneas y algo de esto te motiva o entusiasma, imagínate lo que podría pasar contigo si estuvieras dos días compartiendo con nosotros un seminario!

Llevar a cabo este seminario, y agregar el objetivo de trasladar la experiencia a un libro, para ayudar a personas en todo el mundo a comenzar un nuevo y mejor camino, me llenó de una inmensa fuerza y motivación. Ariel agradeció en su introducción los nombres de todos los participantes que estuvieron este 6 y 7 de abril del 2019 en esta primera actividad que condujimos juntos. Me sumo a su agradecimiento. Simplemente agregaré el dar las gracias a todas las personas que nos han rodeado, a quienes cuidaron los hijos en casa para que alguien asistiera, a los pequeños que extrañaron a su madre o padre, y en especial a sus ancestros, quienes a través de cada persona presente estuvieron también allí presentes con nosotros.

Personalmente me defino como un hombre de acción y me motivan los desafíos. Recuerdo cuando era joven y vestía mi mejor traje para salir a vender los productos de la empresa a quien representaba. Tenía una fuerza imparable, una determinación llena de energía. Y esa misma fuerza y determinación la sigo teniendo hoy en cada oportunidad que se me presenta para ayudar a alguien. Cada persona, cada problema, cada dolor que me cuentan, me conmueve, me motiva y me conduce a la acción. Creo que puedo aportar mi granito de arena para que pueda estar un poco mejor. El ver cómo le cambia a esa persona la expresión de la cara, su postura, su semblante después de una intervención o de una Constelación, es mi regalo, es mi impulso para seguir. Es allí donde reafirmo mi vocación.

Es por eso que trabajo las Constelaciones Familiares, Laborales y Organizacionales en diferentes ámbitos: en el marco de la consulta individual, tanto en forma presencial como por videoconferencias, en talleres grupales, seminarios, convivencias, presentaciones en teatros e incluso, entre el 2012 y 2014, realicé constelaciones en el Penal N.º 41 de Lomas de Zamora en Buenos Aires, pudiendo constelar a los internos y también a personal del servicio penitenciario.

En esta oportunidad, donde como facilitador y constelador sistémico agregué el objetivo de un libro para ayudar personas y empresas en cualquier tiempo y lugar, realmente produjo un cambio en mi interior.

A veces se avanza despacio y una distancia pequeña. Sin embargo, en esta convivencia con el trabajo que conlleva, más la novedad de escribir este libro, experimenté una vorágine interior que me hizo sentir que recorrí enormes distancias. Palpité en cada palabra que he escrito y en cada palabra que he corregido en este libro una emoción inmensa, un remolino interior. Esa revuelta interior me llevó a recorrer mi vida, a recordar mis diferentes edades, cada una con sus miedos, ¡me dieron tal poder que hoy me siento 20 años más joven! Eso es lo que quisiera que el lector de este libro sienta y desarrolle.

Lee este libro, conéctate con tu entorno, agradece tu pasado, vive tu presente, y desarrolla tu futuro. Juntos configuraremos el presente para resignificar el pasado y así facilitar la concreción de un nuevo futuro alcanzable y sostenible.

Me siento muy feliz y agradecido. Vengo realizando más de mil constelaciones por año, y ahora con un libro, les cuento que planeo escribir muchos más. Con sólo pensar que un día mis descendientes podrán leer estas palabras me produce una formidable emoción.

Me divierte crear. Muchas veces me sentí perdido, sin objetivos claros, me he percibido humano y vulnerable. A veces me he cerrado en mí mismo buscando respuestas y el encierro me producía no encontrar espacios de reflexión. Por lo cual deseo que este libro produzca un espacio para que el lector no se encierre, para que lea en silencio y luego salga a encontrar, a intervenir su vida. Como dice el dicho popular "Uno se hace en el camino al andar".

Ver los rostros aliviados, esperanzados y renovados al final de las intervenciones, y ver los cambios producidos, siempre me ha energizado. Les sugiero que ustedes también ayuden a otros para ver esos rostros transformarse y los cambios que logran generar en ellos y me entenderán. Escribir un libro es un enorme desafío, pero no conoceré en muchos casos sus caras o sus cambios. Pero los invito a que siempre cuenten conmigo. Mi espíritu está con ustedes en cada una de estas palabras. ¡También pueden contactarnos en cualquier momento!

Les deseo que cumplan sus anhelos, que concreten sus proyectos, que encuentren sus parejas, que restablezcan los vínculos y que desarrollen nuevos, que se amiguen con sus orígenes, y que trasciendan.

Quiero agradecer a Mamá Nelly y Papá Alberto quienes habitan en mi con su fuerza, visión, pasión y ternura. A mis maravillosos abuelos Coca, Conce, Félix y Valerio. A mis hijos Joaquín y Abril por ser como son y por iluminar mi camino. A Teresa por haberme acompañado cerca de 20 años y ser la madre de nuestros hijos. A Marcelo, Gabriel y Maximiliano por ser mucho más que mis hermanos, los cuatro somos la fusión perfecta de las luces y sombras de nuestros padres. A Marina, por ser mi amor, mi compañera, mi cable a tierra. Le agradezco infinitamente su amor, su paciente y amorosa comprensión. A mis amigos de hierro Gabriel, Oscar, Sergio y Juan. A mis amigas del Alma Ana, Pato, Mirta y Bety. Gracias a todos mis maestros y mis alumnos. ¡Gracias a mis pacientes, clientes y compañeros de vida, gracias! Gracias a las compañías Jafra Cosmetics, Swissjust Argentina, Chile, Perú y México que me permitieron crecer y sacar lo mejor de mí, y a los amigos que hice allí y llevo siempre en mi corazón.

Dedico muy especialmente este libro a Joaquín y Abril que son lo mejor de mí en esta tierra y que, a través de ellos, ¡la vida continuará!

Todos tenemos el mundo a nuestros pies, solamente hace falta que nos decidamos a avanzar. Así que, comencemos.

Claudio

COMENZAR

Comenzar

Todos somos buenos en varias cosas. El desafío es descubrir en qué uno es muy bueno. Para llegar a algún lugar específico es indispensable hacer un plan, pues un plan ordena y muestra en lo que somos buenos y en lo que no. También debemos encontrar los compañeros que estarán en ese plan, pues nos ayudarán a ver mejor eso en lo que somos buenos, y tomarán la posta en lo que no somos buenos para auxiliarnos o desarrollarnos.

¡Cómo comenzar? Y uso a propósito el recurso literario de comenzar una oración con signo de exclamación y finalizarlo con signo de pregunta. Pienso que tomar la decisión de avanzar dura segundos. Es la señal de que queremos movernos del lugar en el que estamos. Es la acción resultante de disponer de tiempo para hacernos preguntas.

Y luego de esos primeros segundos, **¡Cómo sigo?** Nuevamente uso los símbolos *¡?* combinados. Alguien puede pensar que el primer paso es ir a un taller como el que damos con Ariel, otros comprarán este libro y lo leerán. Al libro pueden tenerlo de guía, hay decenas, centenas de acciones que pueden hacerse para comenzar. Sin embargo, para empezar yo les recomendaré una.

Agradecer. Sí, agradecer aquello que son, sus tenencias (vínculos, emociones, valores espirituales y materiales), y agradecer su actividad. Agradecer es la forma de avanzar, y la acompañamos ese avance llevando a cabo actividades a cada instante, sean cuales sean, les guste o no. Porque la base de la propuesta es HACER, pues el hacer es lo que nos mantiene vivos. El hacer es lo que nos hace sentir útiles.

El enemigo más fuerte del avance es la pereza, es el adversario más intenso. Con la pereza no avanza nada, ni lo bueno, ni lo malo. Muchos dicen que la pereza es la piedra que nos hunde, pero tiene un punto débil magnífico: *desaparece simplemente al hacer una tarea, al entrar en acción*. Es el enemigo más fácil de enfrentar. En los pocos segundos que nos lleva ponernos en acción para hacer cualquier cosa, la pereza desaparece. Y para hacer algo la fuerza interior surge de repetirnos mentalmente siete letras unidas. G-R-A-C-I-A-S.

Por lo cual comenzar es decir GRACIAS. Estimado lector (pues inferimos que estás leyendo este libro, o quizás te lo están leyendo a ti), toma unos momentos para agradecer con una buena postura.

Te proponemos este ejercicio: *Si estás parado, párate derecho. Si estás sentado írguete. Una buena postura incrementa la testosterona, disminuye el estrés y el cortisol, e incrementa la tolerancia a los riesgos. Está comprobado en comunidades científicas (recomiendo leer sobre este tema en internet).*

Agradecer y desarrollar una buena postura es la manera de comenzar. Es simple, sólo lleva dos minutos. Y serán los dos minutos mejor invertidos para crear el resto de tu vida. ¿Sabes cuántos minutos aproximadamente se vive en una vida? Muchos millones de minutos, miles de millones de minutos. Haz los cálculos si quieres. Invertir dos minutos para comenzar puede ser la mejor inversión financiera de tu vida, pues se trata de ganar tiempo. Y recuerda que tiempo es lo único que no se puede comprar con dinero. Su valor es incalculable. Avancemos.

Luego de esta introducción, recuerda quién eres, da tu nombre, profesión, actividad, describe tu estructura familiar y laboral, y principalmente enuncia tus objetivos. Tus objetivos son aquellas cosas que quieres lograr en la vida, la razón por la cual estás leyendo este libro. Si no lo sabes o te sientes confundido, desea simplemente dejar de estar enredado. Es lo primero que debes hacer. Desenredar los nudos de los problemas. Si estás con otras personas preséntate y retiene en tu memoria quién es el otro. Percibe y empatiza con los demás los anhelos y sueños, los tuyos y los de los otros.

Muchos no saben comenzar. Algunos tienen objetivos claros, y otros se encuentran en una nebulosa. Les recomiendo comenzar a pensar y describir el futuro que desean. Si no lo saben, pueden describir el pasado. Pero lo importante es que piensen en como desean que sea su futuro. Como si estuvieran mirando una película y en ella se ven a ustedes dentro de 10, 20 o 30 años. ¿Cómo les gustaría que ese personaje sea, haga, viva, haya logrado? Es imposible avanzar mirando hacia atrás. Primero miramos para adelante, y recién cuando no puedo mirar para adelante, comienzo a mirar para atrás, para ver el camino recorrido, y así corregir la trayectoria si no me está llevando hacia donde quiero llegar.

¡Cuál es tu objetivo? ¡Porqué estás leyendo este libro? Nos divierte usar *¡?*, es como usar la entonación de una pregunta, pero en voz alta, para que nos escuchen.

¿Para quién quiero avanzar? ¿**Para qué**?

¿Avanzo para mostrarle mi avance a otros, o avanzo para descubrir mi camino desde otro lugar? Analicemos la experiencia.

La experiencia

Han pasado muchos años desde nuestro nacimiento, hemos vivido muchas experiencias. Para encontrar el camino es necesario reflexionar sobre cómo hemos llegado hasta este momento. Revivimos con palabras y emociones nuestro pasado. Dicho eso, revivamos.

No se sabe exactamente a qué edad uno encuentra su real vocación. Algunos encuentran el camino cerca de los treinta años. Otros la encuentran fácilmente y de muy joven. Y otros la encuentran en el ocaso de sus vidas.

Lo más apasionante que les transmitimos desde nuestra experiencia como facilitadores, es que nos gusta ayudar a la transformación de las personas y las organizaciones para que encuentren sus caminos. Algo así como encontrar el ojo de tigre.

Este libro se trata de eso, de encontrar esa mirada, ese ojo de tigre en uno mismo.

Uno puede ser joven de edad, con mucha experiencia de vida por circunstancias que ha tenido que atravesar, o puede ser una persona de avanzada edad, con una vida rutinaria con muy poco aprendizaje y conocimiento. Y ver eso es una invitación a encontrar personas que posean esa experiencia y conocimiento en busca de un crecimiento interior.

Reflexionemos juntos sobre este ejemplo: Podemos ser experimentados y adultos en muchas áreas. Pero si nos sentamos al costado de un niño que juega fantásticamente con una consola de juegos, nos sentiremos bastante inútiles y sin experiencia. Por más que intentemos muchas veces, los niños nos demostrarán, con esa frescura que tienen, que nos ganarán una y otra vez. Podremos jugar, pero todas nuestras habilidades resultarán nulas comparadas con esas nuevas habilidades necesarias para jugar a esos juegos porque carecemos de la experiencia y conocimiento para ello. Estos juegos sólo existen hace muy poco tiempo.

Entonces comenzar es una invitación a encontrar la pasión, a buscar la experiencia y a desarrollar los conocimientos que anhelamos tener. Nuestro propósito aquí es ayudar a encontrar la brújula para ser feliz.

A veces no sabemos qué queremos SER. En ese caso es un buen puntapié preguntarnos qué nos gusta HACER. De esta manera podremos descubrir nuestra vocación HACIENDO. Es como la vida del escultor quien, si bien sabe esculpir, su obra conlleva un proceso hasta salir a la luz, a la vida. Cuando está parado frente a la piedra y toma el cincel siente una especial energía. Lo más parecido que se nos ocurre a esa sensación de ansiedad en la panza es la que sentimos al enamorarnos (las mujeres la suelen llamar sentir mariposas en el estómago).

Hay personas que sí saben qué quieren SER. Sin embargo, no saben dónde desarrollar habilidades y conocimientos para lograr ese SER que desean. Hay quienes desean ser ingenieros, pues un familiar o un referente lo es e hizo una gran obra que los emocionó. Otros pueden haber sido inspirados por un personaje de una película o una novela, y quedaron absolutamente vinculados a ese propósito. O quizás quieren ser atletas de un determinado deporte, pero no tienen los requerimientos y habilidades para serlo (si ese deporte es su vocación y su pasión les pedimos por favor que no desistan, ya que es posible participar de un deporte desde muchas otras funciones y lugares, y no sólo jugándolo). También sucede en la vida de los aspirantes a pilotos de avión, a quienes lamentablemente su vista no les permite lograr su aspiración. Ellos podrían leer los libros de Richard Bach y descubrir que no hace falta pilotear un avión para sentir la brisa del viento al volar. Sea como sea, llegaron a saber lo que quieren SER. Pero no saben por dónde comenzar

En este libro les compartimos experiencias para que no desistan de sus sueños. De lo que sí pueden desistir es de un trabajo o una actividad. Hay lazos que son para toda la vida (los lazos biológicos, la familia), pero hay otros lazos que sí podemos cambiar (profesión, trabajo, lugar de residencia).

Esta experiencia nosotros la trabajamos en septenios. Es decir, agruparemos la vida en ciclos de 7 años (en el capítulo Septenios, la encontrarán desarrollada).

La experiencia de una etapa puede no ser útil para el desarrollo de la siguiente. Los compañeros de ruta también pueden ir cambiando. Lo que no cambian son nuestros valores. Nuestra familia incorpora nuevas personas, pero jamás podremos desligarnos de nuestra familia biológica. De una forma u otra están siempre presentes. Estos lazos son cuánticos, energéticos, nunca desaparecen. La experiencia de ellos también nos nutre de una forma u otra. Y a veces la experiencia de otros nos produce mandatos o creencias limitantes o habilitantes, que en otras familias son distintos.

Considerar la experiencia consiste en observar tanto la propia como la ajena, pero hay que estar atentos a los trucos que nos juega la mente: "...*la experiencia ajena exitosa puede ayudarnos en la propia por medio de la inspiración, no representa una certeza, pero si una posibilidad; sin embargo, la experiencia ajena no exitosa puede ser un virus, que puede contagiarnos o desalentarnos. Es importante recordar que tampoco el fracaso de los demás es garantía de nuestro fracaso*".

¿Por qué hacemos énfasis en la experiencia ajena? Pues es muy común que la gente le pida opiniones a los demás. Esto lo escuchamos mucho en nuestras intervenciones de consultoría, y hemos notado con alta frecuencia que se retienen con mayor fuerza las historias de fracasos que las de éxitos.

¿Por qué se produce esto? ¿Acaso nos pasa algo malo? No, simplemente ocurre que los fracasos nos movilizan los miedos. Simplemente eso. Tenemos miedo de no ser amados, miedo de ser rechazados, excluidos, de perder la certidumbre que nos da tranquilidad, de no ser importantes para los demás, de no ser considerados. Es por los miedos que necesitamos reconocimiento. Es normal sentir miedos, sería inhumano no tenerlos. **El desafío con los miedos es que no nos dominen**.

Seamos prudentes, respetemos los miedos. Se trata de incluir nuestros miedos para que sean nuestros aliados en alcanzar nuestros objetivos. Los miedos no son malos. Los miedos están para cuidarnos, pero no para frenarnos. Si por miedo excluyo el miedo, el miedo se agranda, me domina, me debilita y me resigna.

¿Cómo enfrentar los miedos? Es simple, respirando bien, teniendo una buena postura, no enfocarnos en la opinión de los demás sino en nuestros propios sueños y avanzando. Es a partir de ese nuevo lugar desde el cual avanzamos donde el miedo pierde su potencia.

Es muy importante hablar de los miedos al comenzar a transitar el camino. La mejor técnica para enfrentarlos, o simplemente la más simple y accesible, es ridiculizarlos, tomarlos con humor. Por ejemplo, si le tenemos miedo a un insecto en particular, por favor imaginemos que viste zapatillas, jeans y que escucha música en auriculares. Nos arranca una sonrisa imaginar algo descabellado, incoherente, irracional. Vincular el miedo a algo absurdo e ilógico, hace que el miedo herede estos atributos, y entonces el miedo disminuye su influencia en nosotros.

Recuerdo la primera vez que me enfrente a un miedo paralizante: el miedo a vender. No estaba al tanto aún que la vida, a mis 32 años, me estaba a punto de enseñar la lección más importante para mi carrera profesional. ¿Cuál era esa tan importante y fundamental lección? Que lo primero que uno tiene que vender, para poder vender cualquier otra cosa, es a uno mismo. Venía de un divorcio con muy poco dinero y mirando al cielo pregunté... ¿a qué me estoy negando? La respuesta fue ser vendedor y trabajar en relación de dependencia. Y así comencé buscando un trabajo de vendedor, manifestando que no sabía vender, pero asegurándoles y comprometiéndome a que si me enseñaban iba a dar lo mejor de mí. Resulta muy llamativo ver cómo cuando exteriorizamos el miedo a través de las palabras, éste pierde poder.

Me llevaron a la acción sin mucha teoría, y el hacer me llevo a ser un muy buen vendedor. En diez años de perseverancia en el hacer, un simple vendedor con actitud y deseos se transformaba en un director general de una gran compañía. En poco tiempo una mudanza a otro país y estar a cargo de tres mercados fueron el resultado. La conclusión fue: *¡Se trata de avanzar con nuestros miedos, de dominarlos, pues ellos no se van a ir nunca!* Siempre aparecerá un nuevo desafío que alojará un nuevo miedo. Ellos nos esperan para acompañarnos y enseñarnos lecciones sobre nosotros mismos a lo largo de nuestra vida.

¿Para qué? ¿Para quién?

¿Para qué hacemos lo que hacemos? ¿Para quién lo hacemos? ¿Pensamos en nosotros? ¿O pensamos en los demás? ¿Buscamos agradar a un extraño en el trabajo pues sentimos miedo de ser excluidos, o buscamos agradar desinteresadamente, pues está en nuestra esencia humana ayudar al otro y sabemos que con agrado y buenos modales generamos mejores vínculos?

Cuántas preguntas importantes para pensar. Y hay más.

En muchas organizaciones muy estructuradas piensan que una mujer, al convertirse en madre, necesita interrumpir su carrera o dejar de crecer en la organización porque asumen que no contará con el tiempo y la entrega para cumplir con sus responsabilidades. ¿Acaso nuestra vida personal está separada de nuestra vida profesional? ¿Cuál es el equilibrio de nuestra vida? ¿De 9 de la mañana hasta las 6 de la tarde no somos padres? ¿En el horario de trabajo debo dejar de lado mi vida personal? ¿Acaso en horario laboral dejo de ser hijo, hija, esposo, esposa, madre, padre, y me transformo en trabajador? Eso no suena como de un ser muy integrado.

Si queremos integrarnos debemos entender que todos los minutos del día somos nosotros, la persona completa y total. Simplemente que en horario laboral nos focalizamos en nuestra actividad, y en el hogar desarrollamos nuestros vínculos afectivos, proyectos personales y fomentamos otros intereses, el entretenimiento y el descanso. Esto que parece simple de analizar es complejo, pues la mayor parte de los problemas de la gente están originados en que alguna vez no se han sentido amados en alguna circunstancia de la vida. A los 9 meses de vida, un bebé empieza una etapa llamada "angustia de separación". Esta radica en que el bebé ya se da cuenta de que es una entidad separada de la madre y siente que puede ser abandonado por ella cuando su madre se va, aunque ella sólo salga a trabajar. Ya sea que sale a trabajar porque lo necesita para darle un mejor porvenir a su hijo, o porque siente pasión por su trabajo y su vocación y lo necesita para sentirse íntegra.

Padres y madres pueden emprender una segunda actividad previendo un cambio laboral o vocacional, pero en el camino sacrifican tiempo con la familia. ¿Para quién hacemos lo que hacemos? ¿Por qué lo hacemos?

¿Hago un segundo negocio para ir pensando en mi futuro, y combino entonces mi vida presente laboral, mi vida presente personal, y mi futuro? Si uno toma con tiempo y dedicación estas preguntas puede dar el salto a crecer. Necesitamos aprender a soltar algunos prejuicios y algunas creencias que nos limitan, nos boicotean y nos llenan de miedos.

Ejercicio: *Selecciona un cambio que quieras desarrollar en tu vida individual, familiar o laboral, y luego identifica tu "anhelo de querer": ¿para qué (finalidad) y por qué lo hago (motivos)?*

¿para qué (finalidad)	¿por qué lo hago?

Volver a integrarme

Para crecer necesito estar íntegro, necesito verme como un todo. Soy la misma persona las 24 horas del día. No soy una persona de lunes a viernes de 9 de la mañana a 6 de la tarde y de lunes a viernes de 6 de la tarde a 9 de la mañana, los feriados y los fines de semana otra persona.

Somos siempre uno solo, uno mismo. La diferencia es que, en distintos momentos, nuestra actividad y foco está orientada a una tarea específica y en otros momentos a otra. En definitiva, no puedo jugar al futbol y cocinar al mismo tiempo, ¿cierto? Para jugar al futbol necesito determinada ropa y determinado espacio. Y para cocinar necesito una cocina y fuego. Las tareas requieren determinados escenarios y eso hace que cambie nuestro entorno. Pero no nos confundamos, no cambiamos nosotros.

Si no sentimos eso, si nos sentimos desintegrados, eso hay que cambiarlo. Sólo comenzar a pensar en esa integración nos otorga fuerza y claridad para lograrlo. No hay otra forma. Para crecer y para lograr que ese crecimiento sea sustentable y sostenible, hay que estar integrados.

En las familias es difícil integrar los gustos de todos, por lo cual recomendamos no forzar las relaciones. En esos casos alcanza con simplemente aceptar y respetar a los demás. **Aceptar y respetar es incluir**. No es necesario compartir opiniones para incluir. Respetar la diferencia es la técnica más poderosa y sencilla de inclusión.

¿Por qué mencionamos la aceptación y el respeto en esta sección de *Volver a integrarme*? Porque para integrarnos debemos aceptarnos y respetarnos a nosotros mismo. Y poner énfasis en nuestras fortalezas y en las oportunidades. Hablar de nuestras debilidades y de las amenazas que enfrentamos en la vida cotidiana (carencia de afecto, trabajo, dinero, tranquilidad, salud, y muchos más) en muchas circunstancias nos hacen olvidar nuestras fortalezas (amor, vocación, fuerza interior, alma calma, salud). La salud siempre se menciona como una fortaleza, aun cuando la salud se deteriora con el paso de los años, pues es una fortaleza seguir viviendo.

Al escribir este libro les queremos contagiar fortalezas y empoderarlos. Ya escribir un libro nos permite entender que las palabras seguirán vivas, aunque no estemos. Por ello los invitamos a que siempre se concentren en sus fortalezas **y las escriban.** Será alentador y energizante leerlas cuando se sientan débiles, o al menos no tan fuertes.

Un maestro de escuela, aunque su salud espiritual, física y económica se encuentre deteriorada, encontrará fuerza recordando la sonrisa que produjo en sus alumnos en el proceso del aprendizaje, inmortalizadas en el momento de la curiosidad. (Como nota de color les comparto este dato: la mirada de asombro ha sido estudiada en trabajos científicos y es catalogada, desde su fisiología, muy similar a la mirada de pánico o miedo).

Tener una mirada completa, con detención en todos los detalles, es la respuesta a cómo integrarnos. Por esto mismo recomendamos la realización de constelaciones familiares, laborales u organizacionales. Apoyadas en todos los fundamentos y conocimientos de carreras universitarias, encontramos que el estudio de uno mismo, en forma integral, produce realización y plenitud en los individuos.

Resumiendo, la consecuencia de integrarnos es ser consistentes con nosotros mismos. Eso nos da una importante herramienta para desarrollar nuestros anhelos.

Los miedos hablan por mí

Los miedos me llevan por un camino que no es para mí. Quizás por miedo a la soledad me relaciono con la persona incorrecta. Quizás por miedo a no ganar buen dinero no sigo mi vocación. Esto es lo que llamamos elegir desde el agujero. *Es buscar en el otro o en lo otro, lo que el miedo no me deja encontrar en mí*. Con esta actitud lo único que reforzamos es nuestra baja autoestima y el miedo al error. Relacionarme y vivir desde el agujero es buscar, inconscientemente, a otro que tenga lo que yo siento que no tengo, postergando toda posibilidad de crecimiento y desarrollo. ¿Cuántas parejas se encuentran desde el miedo a la soledad, o por su deseo de tener hijos? En lugar de elegirse desde el amor y por el amor. Transpolen este ejemplo en otros ámbitos y pregúntense ... ¿estoy en el trabajo o actividad que me hace feliz y por la cual vibro y me apasiono? ¿o lo hago desde el agujero, esperando mi jubilación, por la obra social, por estar en piloto automático, o por miedo a no conseguir otra cosa mejor?

Todos los días comienzo un nuevo recorrido y cada día este me trae nuevos desafíos.

¿Voy a elegir qué vida quiero vivir desde el miedo a los precipicios o desde el amor a las alturas?

Tomemos como ejemplo la vida de alguien que maneja un taxi. Cada día empieza desde cero su cuentakilómetros para calcular el dinero que gana, la distancia que recorre, el combustible que usa.

La vida útil para un salario tiene una duración determinada que consiste en los bienes y servicios que pueden ser adquiridos con ese salario durante ese tiempo. La vida asalariada también tiene una duración determinada. Pensemos en una empresa, por ejemplo, Coca Cola, la cual está presente en nuestras vidas desde hace más de un siglo. Esa empresa, a lo largo de ese siglo, ha cambiado completamente la nómina de empleados. Desde el puesto más bajo en el escalafón salarial hasta el más alto en la presidencia, independientemente de los resultados y planes, exactamente el 100% de los empleados de esa empresa ya no trabajan allí. No así los accionistas, quienes pasan de mano en mano a sus herederos sus tenencias accionarias, ya sea para que las mantengan o las vendan.

La actividad de alguien independiente (dueño o inversor) puede durar toda la vida, e inclusive puede trascenderla.

¿Podemos combinar ambos mundos, el empleo con sueldo y la aventura del emprendedor, ya sea como dueño o inversor? No sólo la respuesta es afirmativa e indica una posibilidad, sino que tenemos la certeza de recomendar este camino. Es fabuloso tener un pie en cada mundo. Uno puede dar clases en una universidad o ser consultor en una empresa, y dueño de otra. Las combinaciones son infinitas, y cada día crecen más oportunidades. Antes era ciencia ficción pensar que una persona podía usar su auto personal como medio para tener un ingreso extra, pero Uber lo hizo posible. Antes era difícil alquilar una habitación de nuestra casa, o un inmueble por pocos días o semanas, pues entre los seguros, la cobranza y el análisis de antecedentes nos desalentaba el más mínimo pensamiento al respecto, pero Airbnb lo hizo posible. Antes era muy complicado desarrollar un sitio en internet, para que una persona cualquiera o un niño pueda comercializar material de marketing tales como remeras, tazas, zapatillas, carteras, cuadros y fundas de teléfonos; Threadless lo hizo posible.

Hay múltiples ejemplos donde una persona puede ser empleado y dueño a la vez, liderando un emprendimiento personal o familiar. Si quieren un ejemplo realmente inspirador citaremos a John Cronin, un joven con discapacidad que inspiró a su padre a generar un negocio junto a él pues le gustaban las medias con diseños divertidos. En menos de 3 años ya superaron los 6 millones de dólares de facturación, los diseños de medias son geniales, los invitamos a evaluarlas, ya regalamos varias. El miedo a la discapacidad no paralizó a su familia ni lo hizo colocarse en un lugar de víctima. Sus miedos los inspiraron. Tenemos cientos de historias en internet donde el miedo se transformó en oportunidad, pero son historias de otros. ¿Cuándo estarás listo para crear tu propia historia? Siempre estuviste listo. Desde que naciste. Solamente necesitas ponerte en movimiento, con tus habilidades y conocimientos y también con tus miedos y anhelos.

¿Estás inmovilizado? ¿No sabes por dónde empezar? Comienza por caminar, respirar en forma tranquila y profundamente, agradecer lo que tienes, invitar a tomar un café a familiares y amigos. Comienza por dar y no creas que primero se debe recibir. La realidad de emprender no funciona así. Si piensas que primero tienes que recibir para luego dar, lamentamos informarte que la vida no funciona de ese modo. Primero pagas la entrada para ir a un recital para luego ir a verlo, ¿cierto? La vida es igual. Tienes que invertir todos los días, absolutamente todos los días, en tus sueños y en tus habilidades, en tus conocimientos, en tu voluntad, en tu actitud y en tu determinación. Plantar primero la semilla, y si riegas esa semilla todos los días un día comenzarás a recibir. Ayuda a los demás y verás que la máquina comienza a ponerse en movimiento.

Los países que más ayudan a otros siempre tienen mayor abundancia comparados con los que más reciben ayuda. **El que más exporta, más gana**. Esto también funciona con las emociones. Quien más emociones saca de su interior, más recibe. Quien es avaro no recibe la misma compensación que aquel que es generoso.

Todo esto está relacionado a la fuerza más poderosa del universo: el amor. Muchos ejecutivos prefieren usar la palabra afecto, lealtad, confianza, compromiso. Parecería que el amor solamente estuviera relacionado a las emociones interpersonales y estuviera totalmente afuera del ámbito laboral. Pero nos preguntamos: ¿no estamos perdiendo tiempo si no amamos lo que hacemos?; sí, lo estamos perdiendo. Pregunten a un anciano si volviese a ser joven si no siente haber perdido el tiempo cuando no amó su actividad. Seguro no se sentirá arrepentido, pues la plenitud de la vejez nos da sabiduría. Pero con melancolía nos reconocerá que le hubiera gustado disponer de más tiempo con sus seres *amados y amar aquello que lo mantenía alejado de ellos.*

¿Acaso cuando cumplimos años es el único momento para hacernos estas preguntas? ¿Cambiar de década al cumplir 30, 40, 50, 60 años hace que nos agobien los miedos de la edad y por eso son los únicos momentos que nos hacemos las preguntas importantes? ¿No deberíamos preguntarnos todos los años, o inclusive todos los días, si estamos bien orientados en nuestro camino? Pedimos tres deseos cuando soplamos las velitas al cumplir años, ¿no sería recomendable que uno de esos deseos sea analizar nuestro camino en forma permanente desde el corazón y no desde la conveniencia o el bolsillo?, nunca es tarde para hacernos las preguntas importantes.

Cuando hay voluntad el tiempo aparece. Si nos aburrimos debemos buscar nuevas opciones en nuestra vida. Hay que tomarse espacios para ser aprendiz, cambiar el ángulo, y buscar y buscar nuestra pasión. Aprender una actividad desde otro lugar nos ayuda a divertirnos. Divertirnos es vital y esencial para crecer, para reír y para sonreír.

En todo proceso de cambio surgen miedos y eso conlleva dudas. Te sugerimos que no preguntes a otros sus opiniones sobre ti. Pregunta sus opiniones sobre tus acciones, sobre tus conocimientos, tus habilidades, tus productos y tus procesos. Luego haz tu propio análisis de las respuestas. Si preguntas su opinión sobre tu proceder, te confundirás. Nadie puede opinar por ti. Pueden tener mayor o menor empatía, pero no son tú.

Tampoco te enojes con los demás, es inútil e infértil enojarse con otra persona. Sí puede uno enojarse con el proceder de otra persona, te acercamos un ejemplo: uno no debe enojarse con una persona pues el otro llegó tarde, pero si enojarse por la llegada tarde en sí. La llegada tarde hace que sintamos que nuestro tiempo no es valorado. El enojo es producido por una acción que sucede, pero al enojarnos con la persona, trasladamos el enojo hacia ella porque creemos que ella produjo esa acción. O inclusive trasladamos el enojo por una acción que nos disgustó al individuo que tenemos más cerca. ¿Cuántas veces nos enfurecemos con alguien y esa persona no entiende nuestro enfado? ¿Te suena familiar? Pasa todos los días, en todas las familias y en todas las organizaciones.

Necesitamos diferenciar nuestro HACER de nuestro SER. ¡Qué difícil es definir quién quiero SER! A veces uno quiere ser como otro. El SER está basado en modelos de inspiración, modelos de admiración, en logros, en resultados. El HACER está basado en la actividad, en las tareas del día a día, en nuestra labor cotidiana.

Cuando encontramos historias de personas que trabajaron en empresas pequeñas, luego grandes, y recién luego son emprendedores, pueden sentirse solos. Esto se debe a que sienten el vacío entre un lado del escritorio y el otro. Igual lo pueden hacer, pero notarán que los jóvenes emprendedores tienen más energía. Todos recordamos la impronta de nuestra juventud. Pongamos nuestro esfuerzo desde temprano en tener una actividad como asalariado, y otra como emprendedor. Ya sea de tiempo completo, parcial, pocas horas al año, o lo que se pueda. Pero por poco tiempo que sea, siempre nos acercará a nuestro propósito.

¿Cuál es nuestro propósito? ¿Construir? ¿Ayudar a otros a construir? Comencemos aceptando nuestros miedos y avancemos con ellos, ya que los mismos habitan en nosotros por ser una condición humana.

Algunas personas nos preguntan si está bien sentir y pensar en los miedos. ¡Por supuesto!, esto los coloca en el primer 5% de la población que son quienes se hacen preguntas. El peor escenario es ignorarlos, evadirlos o negarlos.

Un miedo puede ser producido al tener que pagar un producto o servicio, pero si no lo pagamos tendremos un problema, y si no resolvemos el problema, caeremos en un ambiente adverso donde se podrían originar y multiplicar los problemas, y con ello consecuentemente los miedos, entonces, **¡No transformemos problemas en adversidades!**

Es bueno enfrentar los miedos, pero no hay que agrandarlos. Tenemos la mala costumbre de ponernos dramáticos y darle mayor importancia de la que tienen. Reflexionemos en la actitud de los niños, donde quizás al romper un vaso en una fiesta de cumpleaños, se ponen tristes y les agarra miedo que no los inviten en futuras ocasiones. Luego se le acerca un adulto, lo abraza y le dice con tranquilidad que no se preocupe, que estas cosas pasan, y entonces el niño se siente reconfortado, se olvida del tema y sale corriendo a volver a jugar. ¿Para qué traemos esta historia?, para no olvidar que en algunos momentos del transcurso de la vida, todos seguimos siendo ese niño que no quiere ser excluido. Ahora de grandes, sabemos que todo pasa, pero qué lindo es aún sentir el abrazo de nuestros ancestros que nos dicen que no nos preocupemos, que son cosas que pasan, y que todo va a salir bien.

Cuando tenía 12 años me compré con mis ahorros un par de patines. Nunca me había subido a unos y lo que había escuchado era que para aprender a patinar me iba a tener que caer muchas veces. Recuerdo que me fije una meta de 20 caídas, con el firme convencimiento de que después de ellas ya tendría que haber aprendido a patinar. ¡Y así fue! ¡Salí a buscar las 20 caídas contándolas! ¡A la 18 aprendí! Jaja.

A mi hija Abril, a sus 15 años, le daba mucho miedo aprender a andar en bicicleta. A pesar de intentarlo, no encontraba en ella la motivación para lograrlo, hasta que un día descubrí su lado competitivo. Entonces le ofrecí crear un sistema de puntos, y que cuando llegara a 10 puntos aprendería a andar en bicicleta. Con esa motivación comenzó a querer dejarse ayudar. Aprender a recorrer rectas sin ayuda le daba 3 puntos, si la recta era de unos 10 metros obtenía 5 puntos, dar una curva sin ayuda ganaba 6 puntos y así sucesivamente. Cuando se quiso acordar, con una meta escalonada, accesible, simple y clara, ¡entre risas y motivación aprendió a andar en bicicleta! ¡Te invitamos a que te subas a tu bicicleta, y nosotros te acompañaremos en el viaje!

"Hacer – Tener – Ser" versus "Ser – Hacer - Tener"

Hay 2 modelos para desarrollar las respuestas de búsqueda de nuestro propósito:

- *El modelo tradicional, donde comenzamos a HACER, para luego TENER, y con ello SER. Es el modelo que heredamos, buscamos la actividad, y con ello tenemos el anhelo de encontrar nuestro SER.*
- *El modelo que proponemos, donde primero debemos preguntarnos qué queremos SER, y*

luego HACER lo que necesitemos para cumplir nuestro SER, y recién como consecuencia viene el TENER.

Recomendamos ver el SER y el HACER como una rueda cíclica que se retroalimenta.

Un futbolista profesional que ha llegado al alto rendimiento, primero quiso ser ese deportista, para luego HACER lo que sea necesario para lograrlo.

El ser se va conformando a lo largo de la vida, se apoya en mentores, que confluyen en lo que quiero ser hoy. Nuestros primeros mentores son nuestros abuelos, padres, hermanos mayores, y luego siguen los maestros, los amigos, los esposos, los hijos, y luego otros referentes o personas que nos acompañan en el camino.

Las constelaciones son una técnica muy efectiva que nos ayuda a entender los componentes de nuestra vida, y los elementos utilizados en una Constelación representan esos componentes de nuestra vida. Uno de ellos puede ser nuestra vocación; la vocación es el resultado de muchas causas, quizás entender por qué es importante para nosotros una determinada persona o empresa, nos ayude a entender nuestra vocación. Si en la Constelación ubicamos los elementos de forma tal que le damos la espalda a nuestra propia carrera profesional quizás descubriremos que sólo lo hacemos para ganar dinero, sin darnos cuenta de que, al cambiar a una actividad que nos apasione, quizás podríamos llegar a ganar aún más dinero.

Las Constelaciones son una gran herramienta, pues vemos nuestro sistema, observamos si ayudamos a otros, nos observamos desde otro espacio-tiempo, y podemos hacerlo con la claridad que nos brinda el diario de hoy. Nos ayudan a hacer explícito lo implícito, nos muestra lo que no sabemos que sabemos, nos muestra realidades que están pero que no podemos ver por nuestros miedos o creencias limitantes.

Si estamos concentrados en el camino buscando respuestas, perderemos la energía para disfrutar los días que transcurren. Disfrutar cada día es la receta para comenzar a encontrar. Enojarse y concentrarse en los problemas nos hace buscar las respuestas donde no están las soluciones.

Hay que dejar de buscar y aprender a encontrar. El que busca no siempre encuentra. Hay que lograr saber con especificidad qué se busca.

Les compartimos una especie de fórmula para lograr sus objetivos en la vida:

(Decisión + Determinación + Ejecución) * Perseverancia = Objetivo cumplido

Cuando alguna vez me preguntaron hasta cuando perseverar respondí … ¡hasta lograrlo! Durante muchos años, y gracias a mi historia familiar, me dedique a realizar muchos pozos de un metro (emprendimientos varios y simultáneos sin mucho éxito). ¡Por suerte la vida me llevó a experimentar y a ponerme a cavar pozos más profundos y hoy puedo decir que es preferible y más rentable cavar un pozo de 20 metros que 20 pozos de 1 metro! ¡¡¡Hoy llevo cavados varios metros más y sigo cavando!!!

¿Cómo transformamos nuestros miedos?

Miedos hay muchos. Miedo a fracasar es un desafío frecuente, y hay muchos más: miedo a sentirnos excluidos si no respondemos una llamada telefónica o un mensaje en el momento, miedo a no sentirnos considerados o amados, miedo al éxito, ya que temo cambiar y convertirme en una persona distinta perdiendo así mi esencia.

Claro que puedo encontrar una razón que me excuse de no hacer una determinada acción, pero la verdadera pregunta que nos debemos hacer es: *¿Por qué no hacerlo?*

¿Nuestros miedos cuáles son? ¿La tranquilidad nos da seguridad, o nos lleva al abismo de nuestras falsas certezas? La mayoría de las personas le tenemos miedo a la incertidumbre, sin embargo, la incertidumbre es la generadora del crecimiento. Uno no crece cuando está tranquilo, es la incomodidad uno de los factores que nos impulsa hacia adelante. Sentirse inquieto y curioso es la fórmula para armar un plan y comenzar a crecer.

Puede ser que me sienta atrapado, asfixiado, y no sepa cómo destrabarme. A veces no tengo el conocimiento de cómo cambiar, y eso hace que no podamos imaginarnos el futuro, que no podamos verlo. Si no imagino el futuro entonces no podemos imaginar el SER, y esto paraliza nuestro HACER.

Pero no olvidemos lo que ya dijimos. El miedo es una oportunidad. ¿Cómo transformo el miedo en oportunidad? Generalmente cuando enfocamos nuestra atención en nuestros miedos le quitamos la atención a nuestros anhelos y objetivos. No podemos mirar nuestros objetivos pues los miedos nos tapan la visión.

Antes que nada, hay que respirar de forma profunda y consciente. Los miedos se anteponen entre nuestro objetivo y nosotros. Para poder mirar nuestro objetivo debemos acercarnos al miedo y abrazarlo, y recién ahí podremos mirar el objetivo por sobre el hombro de nuestros miedos.

Oportunidades y Capacidades

Oportunidades vamos a encontrar muchas, pero debemos entender qué queremos SER para saber buscarlas, reconocerlas y elegirlas. Como dice la frase popular *"el que no sabe lo que busca, no entiende lo que encuentra"*.

¿Cómo empiezo cuando no tengo claro el SER? ¿El SER no se encuentra al HACER?

Primero debo preguntarme las actividades que me gustan hacer, luego debo preguntarme en qué soy bueno (y empleable), y luego debo preguntarme cuánto puedo ganar. La situación ideal es ser bueno haciendo lo que nos gusta y ganar dinero haciendo eso. Parece una frase trivial, pero si lo encaramos con conciencia y compromiso con nosotros mismos esto puede ser tremendamente poderoso. Si al comienzo del ejercicio estoy trabado en hacer una lista de lo que me gusta hacer y no encuentro nada, puedo arrancar por consignar todo lo que "no" me gusta hacer. El misterio se devela poniendo la pluma en movimiento. ¡hay que pasar a la acción!

Ejercicio: Haga una lista en cada una de las dos columnas. Use tanto su autopercepción en base al conocimiento que usted posee de sí mismo, y también incluya las percepciones que ha recibido *de otras personas.*

¿Qué me gusta?	¿En qué soy bueno (habilidades naturales?

Ahora observe dónde están las intersecciones entre ambas columnas, es decir todas aquellas cosas que le gustan y le salen con naturalidad. Por último, la prueba de fuego, "¿cuáles de esas cosas son posibles de monetizar? Les deseamos que al menos hayan podido encontrar una, y sino…, no paren hasta encontrarla. ¡Las oportunidades no se buscan… se encuentran!

Los Septenios

Un septenio es un período de tiempo compuesto por siete años. Los primeros seis septenios son los más importantes en la vida de una persona. Desde nuestro nacimiento hasta los 42 años, vamos atravesando por etapas que conforman nuestro proceso de afirmación. Durante ese período tenemos la oportunidad de encontrar nuestra misión personal en la vida y aprender a vivir desde el SER. A partir de los 42 años, comienza un proceso de transformación donde, si hemos aprendido a vivir desde el SER, la vida se vive con pasión y con paz. Si logramos eso podríamos decir que nos añejaremos como un buen vino a medida que pasen los años. Pero si los primeros seis septenios no fueron vividos en búsqueda y desarrollo del SER, la vida nos transformará en un viejo y ácido vinagre.

Cada etapa de la vida tiene sus propios y específicos miedos, y como ejercicio te invitamos a leerlos con atención y tratar de recordar e identificar situaciones vividas. También intenta identificar cuán agravadas estaban esas situaciones por los miedos reinantes en dichas etapas de tu vida. Antes de empezar te sugerimos que tomes papel y lápiz y escribas cualquier pensamiento o recuerdo que te surja mientras lees.

En la primera etapa (de **0 a 7 años**) **nuestro miedo es a la distancia**, miedo al abandono, a la ausencia, a la separación de los padres, la cual se intensifica frente a la pérdida de alguna persona cercana o mascota querida.

La segunda etapa (de **7 a 14 años**) **nuestro miedo es a la cercanía**, miedo al otro, a que no me quieran o a no agradar.

La tercera etapa (de **14 a 21 años**) **nuestro miedo es al cambio**, a lo nuevo y desconocido que conlleva la adolescencia, la constitución como persona propia y la necesidad de tomar distancia de los padres.

La cuarta etapa (de **21 a 28 años**) **nuestro miedo es a la continuidad**, a la rutina y a todo compromiso que genera sensación de pérdida de libertad.

La quinta y sexta etapa (que va de los **28 a 35 y de los 35 a 42 años**) **comparten el mismo miedo, el miedo a perder.** Perder aquello que nos define, con lo que nos identificamos, lo que nos gusta hacer, nuestro deporte, nuestro tiempo, nuestro trabajo, nuestra seguridad material, la juventud, la maternidad, la pareja, el matrimonio y otros.

De los 42 años en adelante, los miedos se espejan con las edades anteriores correspondientes. Si realmente aprendimos a vivir desde el SER, la vida nos mostrará una de sus caras. Si no pudimos trascender y nos quedamos viviendo desde el TENER, entonces nos mostrará la otra...

Por eso el hito de los 42 años es un punto de inflexión en la vida. Ese punto de inflexión nos lleva, consciente o inconscientemente, a un pedido de balance interno, llega aunque no lo queramos. Podemos ignorarlo por un tiempo, pero siempre vuelve, y con más fuerza, hasta que finalmente atendemos ese reclamo.

Se trata de mirar para atrás, de contrastar lo que se anhelaba en la temprana edad con lo logrado hasta ese momento. Y también de una mirada de futuro, cuánto camino aún me falta por recorrer y de cuál será el uso y destino más inteligente de mis energías físicas, psicológicas y espirituales para la segunda parte de la vida.

Uno de los factores que ayuda a llegar con la menor sensación de "vacío existencial" posible, o como lo comenta mi Maestro de Sabiduría, de "enfermedad del vacío", es iniciar un proceso de autoconocimiento desde la mayor temprana edad o cuando nos cae la ficha que nos da el valor, empeño, voluntad y constancia de poder respondernos: ¿para qué vinimos a esta vida?, ¿qué tengo que aprender?, ¿qué hay después de la muerte?, ¿cómo puedo conocer y acercarme cada día más a Dios?, ¿quién creó el universo que conocemos?, y tantas otras más.

Si parte de este vacío no lo vamos completando con estudio y conocimiento sobre los diferentes aspectos de nuestra vida, nos vamos a distraer buscando la plenitud y felicidad en lo externo, aun sabiendo que está en lo interno. Vamos a buscar mudarnos de ciudad o de país, cambiar de pareja, comprarnos una casa, barco o auto nuevo, generando cambios sólo en lo externo, y esperando así modificar nuestra vida interna. Es una manera muy elegante de autoengaño. Sabemos que nos engañamos, donde la mente le gana al instinto y a nuestra sensibilidad.

Acá les dejo un gran consejo, cuando llegan estos vacíos, debemos detenernos. Debemos buscar espacios de tranquilidad para pensar. Pensar en momentos de felicidad futura, y luego armar un plan para llegar a esa felicidad. Hay que tener o generar la valentía para ir para adentro y encontrarnos con lo bueno y lo malo que tenemos en nuestro interior.

¡Conocernos a nosotros mismos es una acción tremendamente poderosa para tomar las riendas de nuestra vida y nuestro destino!

La séptima etapa (de **42 a 49 años**) **es el miedo a la continuidad**. Si trabajamos nuestros miedos y vivimos desde el SER, a esta edad no temeremos a la rutina. Lo que desearemos será transmitir todo lo vivido y aprendido encontrando una forma creativa para el dar. Si no trabajamos los miedos, en lugar del SER, buscaremos el TENER. Esta etapa de vida nos aportará la oportunidad para identificar cuál es nuestra verdadera misión personal en la vida.

La octava etapa (de **49 a 56 años**) **es el miedo al cambio**. Si hemos trabajado nuestro interior, seremos positivos encontrando nuestra seguridad en el interior. Si no hemos trabajado nuestro interior, buscaremos afuera lo que no poseemos dentro y adoptaremos una actitud crítica o tóxica.

La novena etapa (de **56 a 63 años**) **es el miedo a la cercanía**. Si no superamos los miedos tendremos temor y desconfianza de los otros, a que nos dañen provocando que nos cerremos en nosotros mismos. Lo contrario a eso es la autonomía y la vida social. Ese sería el nivel de conciencia ideal de esta etapa. El querer ser una persona útil, escuchar, participar, compartir y abrirse al mundo.

La décima etapa (de **63 a 70 años**) **es el miedo al abandono**. Si no trabajamos los miedos, reclamaremos presencia. La actitud ante la vida será negativa y se pretenderá que los demás y las cosas materiales nos llenen la vida, demandando presencia, tiempo, energía. Uno puede así volverse egoísta y hasta enfermar para llamar la atención. Sin embargo, si aprendió a vivir, lo hará feliz y plenamente.

La décima primera (de **70 a 77 años**) **es el miedo a perder**. Si hemos trabajado los miedos, sabremos que con la muerte la vida no termina, es sólo un paso más. No temeremos perder, seremos como un faro para los otros. El nivel de conciencia es la unidad, y nos preocuparemos por la unión familiar, en caso contrario, lamentablemente pasará todo lo opuesto.

Para vuestra información también podemos continuar con las etapas de vida más allá de los 77 años que, en lo que a los miedos se refiere, ellos se repiten por orden correlativo.

La décima segunda etapa (de **77 a 84 años**) **es el miedo a la cercanía**, la décima tercera etapa (de **84 a 91 años**) **es el miedo al cambio**, la décima cuarta etapa (de **91 a 98 años**) **es el miedo a la continuidad**, la décima quinta y décima sexta etapa (de **98 a 105 y de 105 a 112 años**) **es el miedo a perder**.

Si en alguna de estas etapas sufrimos alguna situación traumática o nos sentimos altamente vulnerables, se genera en nosotros una herida que trae aparejado un trauma que, aunque no la veamos, existe. Durante la vida, y frente a determinadas situaciones, puede generarse un revivir del trauma anterior desconociendo su origen.

Las constelaciones familiares, al igual que otras terapias, pueden ayudar y facilitar el proceso de traer a la luz dicha situación traumática. Este proceso ayuda a resignificarla desde un lugar que le permita a la persona que constela transitar más libremente la vida. Hay veces que dichos traumas pueden provocarse en familiares cercanos o ancestros lejanos, y a pesar de que no seamos consciente de ello, esos traumas están en nuestro ADN y cargamos con ellos; en este caso podría ser un trauma sistémico ancestral o inclusive un trauma social. He atendido varios casos en que los ancestros de una persona padecieron la guerra. Es muy normal en estos casos que esos traumas, que quedaron registrados en el ADN de sus congénitos, determinen hábitos inconscientes en su alimentación. Por ejemplo, pueden provocan obesidad y/o almacenamiento excesivo de alimentos para que la comida nunca falte. Recuerdo también dos casos de descendientes de inmigrantes de la Europa de posguerra, en cuanto llegaron a América instalaron pequeños molinos y panaderías. Esa hambre de postguerra dio lugar a la creencia que donde entra la harina no hay hambre. De ahí surge también que nuestros abuelos y sus vecinos tuvieran huertas.

Si nos detenemos a revisar y recordar nuestra vida, seguramente encontraremos hitos importantes próximos a cada inicio o cierre de cada etapa. Para quienes deseen profundizar el tema de Los Septenios relacionado al mundo organizacional, les recomendamos leer el libro "El Espíritu Transformador" de Jair Moggi y Daniel Burkhard de Editorial Antroposófica.

Algunos de estos conceptos los descubrí gracias al curso que tomé con Roberto Pérez en 1999 denominado: Los miedos y las etapas de la vida. http://www.pasoalternativo.com/2011/10/los-miedos-en-las-etapas-de-la-vida.html

Los testimonios siempre son muy didácticos para anclar los conceptos, y por eso les quiero compartir un testimonio que puede ayudar a anclar el entendimiento de los "ciclos de vida" y relacionarlos a nuestra realidad cotidiana. Cerca de mis cuarenta años tuve la sensación de que estaba frente a algo que ya había vivido. Me detuve allí, comencé a anotar los hechos importantes de mi vida hasta ese momento con el mayor grado de detalle que me fue posible. Luego de unas semanas de realizar esta introspección, descubrí que determinados ciclos se venían repitiendo y, en muchos casos, reflejaban modelos mentales familiares. Es decir que, frente a determinadas situaciones, yo respondía a mis temores de la misma forma que lo hacía mi propio sistema familiar. Una vez que pude identificar ese patrón, me pregunté: ¿cómo hoy respondería yo frente a esta situación teniendo ahora la información que tengo? La respuesta, y todo lo que se vino después, me dio la razón y me liberó, y el resultado de ese descubrimiento me dejó actuar de una manera distinta a la que hubiera actuado antes de ese descubrimiento. De esta manera el ciclo tomó otra curva y logré evitar repetir la historia.

Ejercicio: *Tome una hoja en blanco y escriba las 3 columnas descriptas a continuación. En la 1ra columna coloque el septenio que le interesa trabajar. En la 2da columna escriba los hechos o hitos más relevantes que recuerde, como ser: nacimientos, muertes, nuevos trabajos, viajes, premios, enfermedades, casamiento, divorcios y otras circunstancias. Luego, tómese un momento y observe si encuentra patrones que se repiten o ciclicidades. En la 3ra y última columna, consigne las personas relevantes que fueron parte o estuvieron vinculadas de esos hitos claves de su vida.*

Septenio	Hechos/hitos	Personas que conocí

¿A qué conclusiones puede llegar respecto de la trayectoria pasada vivida? En base a esa información, ¿qué compromisos tomará para los futuros años de vida? ¿Por qué?

DDE - Decisión - Determinación - Ejecución

A continuación, les compartiremos la regla DDE, que consiste en **D**ecisión, **D**eterminación, y **E**jecución.

- **Decisión**, si no queremos no hay tracción.
  - o La decisión significa tener claro el "anhelo de querer". Querer es clave para dar cuerpo al proceso de la decisión: ¿Qué quiero?, ¿para qué quiero lo que quiero?
  - o La decisión manifiesta nuestra voluntad y nuestro deseo de avanzar. Sin tomar la decisión seguiremos en el camino opuesto, indecisos, confundidos, en un limbo. No importa si la decisión es equivocada, ya que siempre podemos cambiar el camino.
  - o Tomar una mala decisión algunas veces es mejor que quedarse quietos en el mismo lugar.
  - o Para tomar una decisión a veces necesitamos de osadía para accionar, y otras veces decidimos quedarnos quietos por prudencia. Pero ambas deben ser decisiones tomadas por nosotros, no

dejar que la corriente nos arrastre o la pereza nos sumerja en la inacción.

- **Determinación**, es el complemento de la decisión.
  - La existencia de la determinación la podemos comprobar cuando llegan los primeros problemas u obstáculos en el camino, y estos nos hacen dudar. Entonces nos preguntarnos a nosotros mismos: ¿quién me metió en este tema?, ¿por qué estoy haciendo este proyecto? Todos estos interrogantes estimularán o debilitarán la decisión tomada, y nos confirmarán la fortaleza o debilidad de nuestro anhelo de querer.
  - Si nuestra determinación logra superar las primeras tempestades demostrará la fortaleza de la decisión, indicando así su firmeza, solidez y convencimiento. Nos damos cuenta de que estamos determinados cuando comenzamos a sentir una paz interior, el alma calma. La determinación da valor, coraje y osadía a nuestras decisiones. Decisión y determinación son parte de un mismo círculo virtuoso que se retroalimenta constantemente.
- **Ejecución**, en esta etapa es donde pasamos a la acción. El núcleo del HACER.
  - Decisiones y determinación sin ejecución son sólo sueños y frustraciones. Son amores inconclusos, caminos sin recorrer, vínculos sin madurar, siembra sin cosechar. Es el vacío más doloroso de nuestra existencia, pues habíamos

decidido hacer algo y habíamos tenido valor y determinación para avanzar, y finalmente no lo hicimos.

o Nuestra recomendación es avanzar, aunque sea distancias pequeñas, pues quedarse en el mismo lugar luego de decidir y de determinarse, puede ser el enemigo más grande de uno mismo. Es el temor a vivir. En contraposición, accionar y HACER se transforman así en sinónimos de vivir.

Decidamos con **determinación** y observemos nuestra **ejecución** todos los días. Los enemigos del HACER son la pereza y el miedo. Seamos prudentes, siempre avancemos, es la mejor forma de sentir vibrar con entusiasmo nuestro SER.

(Decisión + Determinación + Ejecución) * Perseverancia (un pozo de 20 metros) = Objetivo cumplido (ndetenerme hasta lograrlo)

Ejercicio: *Aquí le pedimos que recuerde algún proyecto o iniciativa de cambio que se haya propuesto en el pasado, o se esté proponiendo en el presente y analice los aciertos y desaciertos en cada uno de los 3 aspectos de la DDE.*

Etapas	Aciertos	Desaciertos
Decisión		
Determinación		
Ejecución		

¿Cuándo? La estrategia del momentum

Ahora que hemos aprendido la regla DDE (Decisión, Determinación, Ejecución), estamos listos para la siguiente pregunta importante: ¿Cuándo?

Vivir sin planes ni estrategia es jugar al azar con nuestra vida. La estrategia es determinar el MOMENTUM. Es un término que se deriva del latín y que traducido al español significa "movimiento". En la medida que se elija qué tipo de movimiento queremos hacer, el control lo tendrá uno mismo

Recién ahora estamos listos para ampliar el DDE al DDEM. La "M" es movimiento, referido al instante adecuado en un espacio temporal. Si nos adelantamos, nos faltará información, si nos demoramos, llegaremos tarde.

Debemos intentar buscar momentos. Si no encontramos momentos oportunos avanzamos igual, ya sea pensando, entendiendo, reflexionando, estudiando, constelando. Eso también es avanzar porque es hacer. Acá pueden aparecer las tendencias impulsivas y compulsivas que debemos aprender a registrar, comprender y manejar.

Quizás una persona impulsiva pueda ser vista como imprudente, pero quizás sea sólo audaz. Actuar sin reflexionar, sin medir las consecuencias puede producir problemas. Sin embargo, mucha gente exitosa es impulsiva. ¿Cómo es posible? Pues el momentum está relacionado a la preparación. ¿Cuándo estoy listo para ser un cirujano del corazón? Seguramente la preparación requiere muchas intervenciones, como las horas de vuelo necesarias para ser un piloto de una línea comercial.

Un exceso de preparación es llegar tarde, una pobre preparación es llegar temprano. Es una receta, o se quema la comida, o sale cruda. Como Ariel dice "el momento justo para el éxito es cuando se encuentran la preparación con la oportunidad", mal llamado comúnmente como "suerte". El éxito es la suma de fracasos que hemos sabido superar y que cuando el plan y la preparación se encuentran con el momento oportuno, nuestro anhelo se hace realidad. ¡No es casualidad sino causalidad!

"La práctica hace al maestro" es un lema de la sabiduría popular, y es muy oportuno escribirlo cuando nos referimos al momento.

Veamos algunos ejemplos concretos que suceden en el entorno familiar y laboral:

- Pedir matrimonio a la persona amada en forma apresurada puede asustarla y nos lleve a perderla.

Pedirlo tarde puede hacer perder el entusiasmo y la pasión. Llegamos tarde y ya se casó con otro.

- Pedir un ascenso en forma temprana nos tildará de imprudentes o insolentes, y pedirlo tarde nos llevará a ver la silla ya ocupada.

Es importante entender que la preparación es un ejercicio individual. A veces observamos que una persona parece imprudente en su accionar, pero ignoramos que tiene un enorme conocimiento, producto de un sostenido esfuerzo de muchos años, tal vez hasta muy superior al de sus maestros.

No miremos a los demás y miremos nuestro camino. Nosotros sabremos cuándo estamos preparados si estamos atentos a nosotros mismos.

CONSTELACIONES

Constelaciones

Empecemos con una introducción a las Constelaciones Sistémicas. Todos nosotros estamos atravesados por múltiples sistemas; un sistema familiar de origen (de donde nosotros venimos), un sistema familiar actual (el que conformamos con la pareja e hijos), un sistema laboral y uno organizacional. Nuestro cuerpo humano también es un sistema, es decir que donde exista un sistema, con esta maravillosa herramienta llamada Constelaciones Sistémicas, podemos trabajar para ordenarlo. Lo que normalmente sucede es que cuando tenemos dificultades en algún ámbito, se reflejan en los otros y repetimos muchas historias y también muchas tragedias. Lo que no se resuelve en un nivel o plano ancestral pasa al siguiente, y es así como venimos cargando con cadenas de lealtades invisibles que por amor sostenemos y por lealtad repetimos provocando mucho dolor.

Dependiendo del ámbito donde nos desenvolvemos las constelaciones se denominan Constelaciones de nuestra familia de origen, Constelaciones de nuestra familia actual, Constelaciones en el ámbito de la salud, Constelaciones laborales y Constelaciones organizacionales.

La Constelación es una herramienta de tipo sistémica y fenomenológica; es sistémica porque responde dentro de cualquier tipo de sistema, y es fenomenológica porque somos observadores imparciales del movimiento y de la evolución de los fenómenos que se manifiestan al realizarla. Es muy versátil y permite observar cuál es el ordenamiento que los integrantes tienen dentro de su sistema. Todos nosotros creemos que ocupamos un rol indiscutible; somos hijos de, esposo/a de, madre/padre de. Lo interesante surge cuando al iniciar una Constelación descubrimos que nada es lo que parece, que por amor y lealtad a mis padres los estoy sosteniendo como si fueran mis propios hijos/abuelos, abandonando o no logrando tener la fuerza suficiente para concretar mi propia vida ni proyectos.

Es una metodología que utilizamos para analizar todos los componentes de una persona y su entorno desde un punto de vista sistémico, es decir como un sistema de un "todo".

Quien trajo a la luz las Constelaciones familiares fue Bert Hellinger, nacido en Alemania el 16 de diciembre de 1925. Bert Hellinger es filósofo, teólogo y pedagogo alemán y actualmente, a sus 94 años, sigue dando conferencias y seminarios en diferentes lugares del mundo sobre Constelaciones Familiares. Él fue quien descubrió que existen órdenes y leyes que rigen los sistemas, que cuando un sistema está desordenado provoca infelicidad a los miembros de este. De esa manera, el ordenamiento sistémico que provoca una Constelación permite que el Orden provoque y habilite el fluir armónico del Amor.

Luego de las Constelaciones Familiares de Bert Hellinger, Gunthard Weber siguió desarrollando el tema de Constelaciones y de sus estudios se desprendieron las Constelaciones Organizacionales y el management sistémico (el cual actualmente se utiliza en las organizaciones).

Gracias a la gran maestra Tiiu Bolzmann, quien trajo a Argentina el conocimiento al radicarse aquí en 1998, y luego al mismo Bert Hellinger, es que hoy las Constelaciones Familiares se han expandido como práctica en todo el continente americano.

Definimos entonces este proceso como una serie de pasos:

- **Identificar** las particularidades de una persona
- **Ordenarlas** en una imagen
- **Trasladarlas** a un conjunto de personas u objetos
- Y luego **Intervenir** para integrar, incluir y agradecer

Una de las definiciones que tiene la palabra "**Intervenir**" es "tomar temporalmente una propiedad ajena", y eso es exactamente lo que hago en este proceso. Cuando efectúo una Constelación a una persona, tomo por unos instantes en mi corazón y en mi mente las propiedades que veo, observo y siento. Así me conecto, vibrando junto a su sentir en concordancia con ella. Una vez lograda la conexión entre mi propio sistema con el sistema que aporta la persona constelada, el sistema nos va indicando por dónde se orienta la solución, nos muestra por donde está el camino.

Muchas veces la solución está por donde la persona no puede ver o por donde más le duele ver. Pero allí es donde el sistema nos indica el camino para que, al conectarnos con lo que la persona no puede ver, con lo excluido u olvidado, se abra una puerta de acceso a la sanación y liberación. Un dolor y una emoción profunda posiblemente le brotará con lágrimas desde su interior.

Son lágrimas que la purifican, regalando a sus ancestros su liberación y a ella el orgullo de haber sido valiente y haber tenido el coraje de llegar hasta allí. El regalo (el presente) es el amor que le comienza a fluir en todas sus formas, con sonidos, olores y colores. Entonces la persona queda libre, con claridad, alivio y agradecimiento. Esa persona ya no está más sola, ahora están su papá y mamá detrás suyo, y la apoyan también sus ancestros. Entre todos la cuidarán, la amarán, la protegerán y la impulsarán a concretar con ellos sus sueños, que también son los de ellos, ya que ahora la persona integrada es también ellos y todos ellos habitan en ella.

Realizar una Constelación es asistir a la persona a que integre su vida, sus historias, su pasado, su presente y su futuro. Integrar e incluir es el objetivo, tomando como eje el pedido concreto que la persona solicita. Esto permitirá que la persona se emocione, se integre e incluya lo que desea, como también que su corazón se abra a la compasión y a la aceptación de cómo son las cosas. Es entregarse con amor a su propio sistema entendiendo que será el quien, en su manto compasivo, lo sanará.

Hasta aquí hemos allanado el camino. Hemos trabajado en entender nuestra experiencia y haciéndonos preguntas sobre nuestro propósito. Finalizamos la etapa del allanamiento hablando del momento, de la pregunta *Cuándo.*

En un ejercicio de Constelaciones podemos utilizar elementos para componer un sistema (personas en una sala, fichas de ajedrez en un tablero, muñecos u otros objetos elegidos).

Ese sistema lleva un proceso que va cambiando hasta que se encuentra el ordenamiento que mejor nos represente. Al comienzo podemos sentirlo en desarmonía, moviendo los elementos sin entender bien cómo lograr representar nuestro interior. Aquí un facilitador debidamente entrenado estimula con preguntas la creación de un nuevo sistema (nuevo dibujo o formación de elementos) para que el conjunto de elementos entre en armonía.

Para lograr esa armonía el facilitador podrá pedir a las personas, o a la persona constelada que diga determinadas frases llamadas sanadoras, o que haga determinadas acciones como agradecer, abrazar o retirar un componente del sistema.

Mi intención en este libro es hacer una introducción a los componentes de la Constelación para que obtengan un set de herramientas que les ayude a ordenar los elementos de sus vidas.

Actualmente existen un gran número de libros que hablan sobre las Constelaciones Familiares desde distintos enfoques. Si estas interesado en iniciarte o profundizar sobre este conocimiento, te sugiero dos libros que te ayudarán en este propósito. "El manantial no tiene que preguntar por el camino" de Bert Hellinger y de la Editorial Alma Lepik. "Que son las Constelaciones Familiares" de Tiiu Bolzmann Editorial Alma Lepik.

Anticipar las preocupaciones

Un elemento común que aparece en nuestra vida es la preocupación por algo o alguien. Un familiar puede tener una enfermedad terminal y poco tiempo de vida. También podemos preocuparnos por tener un amigo o familiar sin trabajo, o por la situación de un país. En muchas oportunidades la salud, el amor, el dinero, la vocación y el trabajo nos dan satisfacciones, pero asimismo también nos dan preocupaciones.

Hay situaciones preocupantes a las que podemos adelantarnos y otras a las que no podemos. ¿Cuándo podemos anticiparnos a una situación? Prever es planificar y planificar es tener control. Pero no hay que obsesionarse con el control. No podemos anticipar un accidente, pero sí podemos anticiparnos teniendo un seguro. No podemos anticipar cuándo dejaremos de trabajar, pero es una certeza absoluta que un día eso ocurrirá. No podemos anticipar cuándo enfermaremos, pero podemos mantener una vida sana y contratar un buen seguro médico.

¿Cuándo no podemos anticiparnos? Cuando, por ejemplo, alguien está enfermo. Ahí no podemos adelantarnos, ahí hay que acompañar. Si alguien nos comunica que tiene una enfermedad terminal, o que dejó un trabajo, o tuvo un accidente, o si nosotros mismos descubrimos un cambio que no habíamos previsto, debemos **acompañar el cambio**. Ya no podemos anticiparlo, debemos **Acompañar el cambio es la forma de desarrollar madurez.**

Por ende, no debemos confundir "anticipar" con "acompañar". ¿Cuál es el riesgo de confundir uno con otro? **No vivir**. Si un ser querido tiene pocos meses de vida no comencemos a organizar el velorio hoy. Mejor acompañemos con amorosidad esos meses para que el tiempo de vida que le resta le sea lo más transitable y placentero posible.

Cuando me preocupo por una persona, mi preocupación me impide ver a la persona. Sólo puedo ver la preocupación y mi propio miedo. Cuando me preocupo por alguien no me ocupo. Sin darme cuenta, la preocupación actúa como muletas que debilitan a la persona porque ya no la miro. Y al no mirarla le estoy quitando fuerza y dignidad. ¿Cómo debería actuar entonces? Ocupándome de hacer todo lo que pueda por esa persona, mirarla dentro de su alma, ayudarla a sentirse digna y estar con ella. Acompañarla sin estorbar ni penar. Acompañarla en su lucha hasta el final.

Orientación

La orientación y la ubicación de un elemento es clave. Cuando disponemos de una formación de elementos, nos concentramos en la orientación y la ubicación de estos. (Si usan piezas de ajedrez, por favor usen peones que tengan frente y espalda).

Durante mi trayectoria he realizado numerosas constelaciones. De todas ellas recuerdo una que presentaba una configuración simple que resulta muy útil para ilustrar el concepto de Orientación. La persona constelada colocó todos los elementos mirando hacia mí (es muy común disponer los elementos mirando al facilitador), y ella se colocó a si misma detrás de todos los demás elementos. Ella dijo haberlos dispuesto de esa manera porque sentía que ella les daba contención a todos. Sin embargo, rompió en llanto cuando le indicamos que otra forma de verlo era que todos le daban la espalda a ella porque era ella la que, por amor y lealtad, sostenía y contenía a todo su sistema familiar desde un lugar ancestral (por cierta implicancia sistémica). Al darse cuenta de que verdaderamente su vida estaba al servicio de todos a expensas de su propia vida, felicidad y sueños, fue enormemente impactante para ella. Eso hizo que comenzaran a "bajarle fichas" de información y a entender el porqué de muchas cosas, y el por qué no de tantas otras.

Otro ejemplo, imaginemos una niña jugando con muñecas, ¿es acaso el mismo juego para la niña jugar con las muñecas dándole la espalda que teniéndolas de frente? No, claramente no lo es.

Distancia

Sigamos unos momentos con el ejemplo anterior de la niña que jugaba con muñecas. Coincidimos en que sería improbable que la niña coloque todas las muñecas de espaldas a ella para jugar (y si así fuera sería un caso muy particular e interesante para estudiar)

Ahora agreguemos el concepto de la distancia entre ellas. Claramente lo más lógico sería que a su muñeca favorita la coloque más cerca de ella, y las de menos valor sentimental para la niña las ubique más lejos. Parece una cuestión simple, pero podemos preguntarnos qué distancia hay entre cada una de las muñecas. Generalmente cuando la niña juega hace una ronda, pero cuando las guarda, ¿cuáles van al ropero, ¿cuáles quedan en la mesita de noche, y cuáles duermen con ella en su cama?

Veamos más ejemplos. Cuando visitamos la oficina de un cliente observamos, con mucho detenimiento y profesionalismo, los componentes de su oficina. ¿Qué considera el cliente sus logros? ¿Los diplomas y trofeos? ¿Dónde está la foto de su familia, si la tuviera? ¿Cuál es la distancia, en el escritorio de un ejecutivo, entre la foto de su familia y su celular?

Como ya dije, he realizado muchas intervenciones. Pero hay una que recuerdo en particular. Una presidenta de una empresa multinacional, recientemente viuda, no tenía fotos de su hija ni de su marido fallecido en su escritorio. Ella lo explicó diciendo que verlos todo el día le producían dolor. Claramente cuando incorporó una foto de ellos cerca de su teléfono toda su vida comenzó a ordenarse. Hicimos la constelación cuando estaba por dejar su trabajo, y terminó dejando la empresa varios años después.

Como un ejercicio de reflexión individual les proponemos una serie de preguntas para que se hagan a ustedes mismos:

¿Cuáles son los elementos más importantes de mi vida? ¿A qué distancia están unos de otros? ¿qué orientación tienen? ¿Se tapan la visión unos a otros?

Claridad en los acuerdos

Si no percibo claramente los elementos de un sistema, poco puedo trabajar con ellos...

Veamos algunos ejemplos.

Una persona imaginaba que renunciaría a su empresa con un determinado acuerdo. Pensaba en la empresa, en el jefe, en el futuro, en el dinero, en su vocación, en su familia y seguramente en muchos temas más. Pero no tenía claro el acuerdo de salida. El acuerdo es la base de toda negociación. Si no tengo claridad en el acuerdo no puedo pensar en nada.

Supongamos que pedimos a un grupo de gente que se vista para jugar un deporte por la tarde. En seguida la mayoría piensa en a qué amigos llamar o consultar a qué hora es el juego. Pero ¿podríamos jugar sin saber qué deporte sería y cuál es el reglamento? Para jugar al tenis pueden ser 1 o 2 jugadores por lado, pero para otros deportes pueden ser entre 5 y 15. Para el golf podría ser sólo 1.

Los acuerdos son las reglas de juego. La mayor parte del tiempo escuchamos que la gente no entiende las reglas de juego de la empresa. Claramente están en posición adelantada, quieren jugar y desconocen las reglas de negociación.

Sin negociación las acciones no fluyen. Las personas se aburren. No hay que negociar sin claridad. Cuando en la Constelación se agrega el acuerdo fluye todo, mientras el acuerdo no esté listo no se puede negociar. Todo se mantiene estático.

Estamos incompletos, ¿dónde están los faltantes?

Cuando organizamos los componentes de nuestra vida y nos sentimos inseguros, estamos frente a un claro síntoma de que faltan componentes.

Es como querer ordenar facturas de impuestos y tener carpetas colgantes para la factura del agua, la de gas, y la del teléfono. Tenemos sólo 3 carpetas colgantes. Entonces… ¿dónde ponemos la factura de electricidad?

Queremos organizar nuestras vidas y nos olvidamos de mantener un vínculo sano y de respeto con nuestros propios padres. No digo ser amigos sino simplemente respetarlos y aceptarlos tal cual son con sus luces y con sus sombras. ¿Es posible organizar nuestra vida sin tener en cuenta nuestros orígenes?

Queremos organizar nuestro trabajo y no disponemos de los conocimientos específicos para un aspecto del trabajo. ¿Podemos completar la actividad sin alguien que cuente con ese conocimiento?

Entender los componentes de nuestra vida implica necesariamente analizar qué elementos vitales necesitamos agregar a nuestro sistema para producir armonía.

Dividamos y Unamos

Una configuración de elementos que produce sorpresa en las personas consteladas es la división de un elemento.

Leamos un ejemplo. Una mujer muy agradable con buena mirada, franca, calma, y también con muchas preocupaciones, manifestaba que se sentía una niña en determinadas situaciones. Entonces se le preguntó qué edad tenía la niña, y luego de unos momentos de duda, manifestó que esa niña que se imaginaba tenía entre 10 y 15 años.

El paso inmediato fue organizar 2 elementos que representaran a la niña de 10 y a la niña de 15 años respectivamente. Durante la Constelación se descubrió que se habían producido situaciones que separaban a la mujer en dos niñas diferentes durante ese período de tiempo. **Amigarse con las situaciones vividas produce unión.** Uno es un todo, hay que respetar, acompañar y unir todos los componentes de nuestra vida.

Otra mujer, una terapeuta muy famosa, nos preguntó cuál sería la configuración de elementos mejor constituida. La respuesta constituyó un gran desafío, pues cada persona tiene su propia formación. Lo que es bueno para uno, no lo es para otros, pero insistió en obtener una respuesta. Y a la mejor respuesta que llegamos fue que la configuración de elementos mejor constituida sería la unión de todos los elementos, fundidos en uno solo, representando así la total integración del ser y su entorno.

El arrastre de las historias

En nuestras vidas, las colecciones de historias se forman a veces de forma organizada y otras no, dejando en nosotros huellas de emociones. Muchas veces éstas son analizadas por nosotros sin entusiasmo ni curiosidad.

De esta manera las colecciones de historias pierden o multiplican su fuerza dentro nuestro, dependiendo del momento o circunstancia que atravesamos al vivirlas, al recordarlas o al revivirlas.

Los componentes de nuestro sistema son las historias de nuestra vida. No son momentos, personas, lugares o situaciones, sino historias. Historias con un principio, un nudo y un desenlace. Alguien se enamora, se desenamora, se vuelve a enamorar; tiene un trabajo, lo deja, vuelve a tener otro.

Los invitamos a analizar las historias, rescatar las emociones vividas y producidas en uno y en los demás. *"La gente se olvidará de nuestro rostro y de nuestro nombre, pero jamás olvidará cómo los hicimos sentir" (Maya Angelou).* Cómo sentimos cada historia es algo que no se olvida.

El poder del abrazo - Agradecer

En todas las circunstancias nuestra mejor recomendación, respecto de los elementos simbólicos importantes en nuestro sistema, es que les ofrezcamos un abrazo y les agradezcamos su aparición.

El abrazar produce energía, contención.

El agradecer empodera, nos libera con humildad.

La energía, la contención y la humildad son componentes esenciales para avanzar.

NUESTRAS
PARTICULARIDADES

Nuestras particularidades

Hemos desarrollado hasta aquí dos partes de este libro, el **Comenzar** y las **Constelaciones**.

Desde el punto de vista editorial nos preguntamos cuál sería el ritmo apropiado de escritura. Nosotros elegimos el modelo de menos a más, ir despacio para luego acelerar. Porque así sucedió en la convivencia de 2 días. La gente comenzó tibiamente a profundizar, y luego avanzó más rápido.

Entonces reflejar en un libro lo ocurrido en la convivencia nos obligó a ir más profundo en las primeras páginas y e ir más rápido en las últimas. Escribir primero de forma tal que nos permitiera armar una base para así avanzar de lleno en la segunda mitad. Así pusimos en marcha el auto en el camino, y ya tenemos un mapa que nos alerta sobre la ubicación, distancia y otras características de la ruta.

Ahora tenemos que mirarnos a nosotros mismos, entender nuestras **particularidades**, y recién ahí podremos **avanzar** a nuestro destino, simbolizado por nuestro **futuro**.

Amarres

Nuestra primera y principal característica son nuestros amarres. Es parte de lo que comúnmente llamamos vocación profesional. Suelen ser tendencias naturales de nuestro proceder cotidiano. Parte porque lo traemos por herencia y parte porque lo supimos desarrollar a través de aprendizajes y experiencias a lo largo de la vida.

Es importante conocer estas orientaciones que poseemos para una desarrollo más natural en nuestro plan de carrera laboral.

Los amarres es un concepto que desarrolló en profundidad Edgar Schein que se sintetiza en 8 categorías:

a. Amarres Técnico-Funcionales
Son personas con gran entusiasmo por un hacer específico técnico funcional. Un ejemplo son los ingenieros.

b. Amarres Gerenciales
Son personas con grandes habilidades para conducir gente y objetivos. Disfrutan el liderazgo y producen resultados.

c. Autonomía
Son personas que ante todo disfrutan la libertad de elección, son claramente responsables.

d. Seguridad y estabilidad
Son personas que priorizan la tranquilidad y la certeza. La incertidumbre los confunde.

e. Creativo empresario
Son personas que claramente encuentran en cada desafío una oportunidad. Sus logros son la medida de su éxito.

f. Servicio o propósito
Son personas con gran vocación por asistir a la comunidad.

g. Puro desafío

Son personas a las que les gusta la competencia.
Generalmente se los encuentra en el deporte de alto rendimiento.

h. Estilo de vida

Son personas que logran obtener equilibrio entre su vida profesional y personal, y desarrollan armonía en sus equipos de trabajo.

Les proponemos un ejercicio. Respondan las preguntas que se plantean debajo y ubiquen las respuestas en el cuadro.

¿Cuáles son mis "Amarres vocacionales" ?, ¿qué hechos o experiencias del pasado me hacen pensar/sentir que son esos mis amarres y no otros?

Tipo de amarre	Hechos/ evidencias / experiencias

Las cuatro conductas ante el cambio

Seguramente las propuestas de cambio que la vida nos presenta, ya sea por estímulo o por necesidad, nos hagan transitar por estos 4 cuadrantes en distintos tiempos del proceso.

El sueco Claes Janssen propone en esquema de 4 conductas ante el cambio:

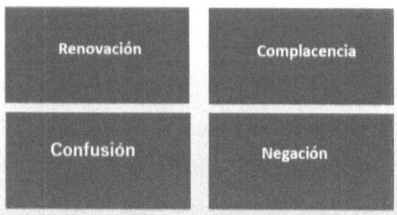

Recuerden un proceso de cambio transitado en el pasado o piensen en uno aconteciendo en el presente. Ahora pregúntese en cuál cuadrante se ubicaría. Sólo pueden estar en un cuadrante a la vez. Si logran ubicarse en un cuadrante, bien sea por su propia observación o la por percepción de otros, ya es un buen punto de partida para tomar cartas en el asunto y transitar el cambio de la manera más armónica.

Observarán que la renovación es el cuadrante opuesto a la negación, y la complacencia el opuesto a la confusión.

Cuando negamos algo, nos negamos a renovarnos. La negación es la principal amenaza para nuestro crecimiento.

Cuando nos quedamos quietos, no nos sentimos confundidos, pero es como esperar la muerte, una muerte lenta y decidida, es la inmovilización. La complacencia puede aparecer, pero debe ser transitoria. Hay que prestar especial atención a la complacencia, ya que el exceso de comodidad, a lo largo de mucho tiempo, puede llevarnos a la muerte. Algo así como quedarse dormidos en el camino mientras manejamos.

Entonces la confusión ¿es un síntoma que estamos comenzando a renovarnos?, bienvenido a la incertidumbre. Este es el punto de inflexión, no podemos volver atrás, quedamos confundidos o avanzamos

Para ilustrar el concepto, les acercamos otro cuadro con una mirada y lenguaje más simple aún, para que hagan las relaciones correspondientes.

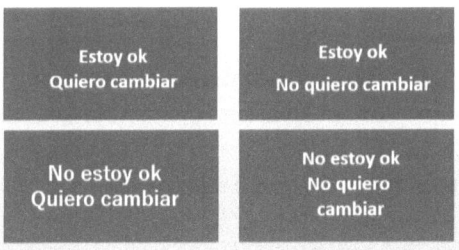

Les proponemos este ejercicio para que cada uno trabaje en la realidad que esté transitando, ya sea esta de cambio o de incertidumbre.

Seleccione una situación A y otra B, donde para pasar de A a B necesitará hacer un tránsito o viaje, sea en el ámbito individual, familiar o laboral. Ahora vuelva a los 4 cuadrantes, y observe en qué cuadrante se percibe hoy y dónde anhela estar al terminar el tránsito. Analice a través de qué acciones concretas hará el tránsito de una situación A a una situación B.

Las fantasías

Dentro de nuestras particularidades están nuestras fantasías, definidas como "situaciones altamente improbables que nos causan confort al pensar en ellas".

La manera de enfrentar las fantasías es desarrollarlas o erradicarlas. Lo importante es no quedarse pensando en ellas indefinidamente. Si las fantasías no se ponen en acción o se eliminan o se convierten en un espejo de irrealidad, uno puede quedar atrapado de por vida en sueños.

Las fantasías más comunes son aquellas que comienzan con *"Si yo fuera...", "Si yo estuviera...", "Si tal o cual cosa hubiera sucedido...."*. Este tipo de fantasías son hipotéticas situaciones en la mayor parte imposibles de lograr, porque conllevan o bien un cambio que debería haber sucedido en el pasado y ya no es posible que ocurra, o bien implican que pertenezcamos a una categoría de amarre a la que no pertenecemos (ver capitulo "Amarres"). Por lo cual, esas fantasías son obviamente imposibles, y por ende son fáciles de erradicar. Sólo se requiere adquirir hábitos sanos de pensamiento.

Ahora, ¿cómo distingo una fantasía posible de una fantasía imposible?, por la preparación de la persona en referencia a sus habilidades y conocimientos. Si una persona está preparada para esa determinada actividad o situación, para ella es una fantasía posible. En cambio, si otra persona no cuenta con ese conocimiento y esa preparación, para esa otra persona esa misma fantasía es imposible.

¿Cuál es el desafío que presentan las fantasías? El desafío es poder diferenciar la posible de la imposible cuando esa diferencia sea sutil. Pongamos un ejemplo: si yo pienso que a mi jefe le agrado y que por eso me ayudaría en la negociación de mi indemnización, esa sería una fantasía imposible en la mayoría de los casos, pues las compensaciones se rigen por ley y la administran las personas de recursos humanos y finanzas. El jefe casi no tiene injerencia en esta situación, salvo tal vez en definir la fecha que más le convenga a la empresa.

Las fantasías dependen de la preparación y del HACER. Una persona quiere ser millonario, pero trabaja 2 horas por semana. ¿Será posible esa fantasía para esa persona? Suena descabellado para una persona común, pero no imposible para un Picasso o un gran deportista. Escuchamos a mucha gente decir "Quiero ser millonario", pero las personas en general no especifican qué significa ser millonario. Para un niño puede ser tener una cifra de dinero al alcance de sus padres, y para un empresario exitoso puede ser algo posible.

Ideas sobran, lo que falta es gente que las haga realidad.

Recordamos el chiste del empresario que le dice a un inversionista: "Tenemos una gran idea que requiere determinado capital para contratar a alguien que la haga". Alguien podría decir que es una propuesta genial, sin embargo, desde el punto de vista económico y financiero, esa idea vale cero. O se está en el grupo que construyen la idea, o se está en el grupo que invierte para llevar la idea adelante.

Independientemente de la edad que tengas y en el septenio que te encuentres, necesitas tener proyectos y sueños por cumplir. Ellos son los que nos mantienen y nos mantendrán vivos. La vida es corta y en 200 años no sabrán ni nuestro nombre. Vive ahora al 100% para que cuando te llegue el momento, puedas sentir que estás saldado y sin deudas con nadie, en especial contigo mismo. Recuerda no quedar atrapado en fantasías imposibles. Para pasar de una idea (pensamiento) a un proyecto (concreto) se requiere un prototipo. Los prototipos y/o diseños nos alejan del ámbito de las fantasías porque nos adentran en el mundo del hacer y de lo tangible. Entonces… simplemente ponte a trabajar y concéntrate en el HACER.

Miremos nuestro espejo

En todas las etapas de nuestra vida, nuestras particularidades están definidas en el espejo. Si uno opina de algo, de una forma u otra, esa opinión es como decir "esa particularidad mía", esa forma particular de pensar, que es el reflejo de una característica que tengo o que no tengo, desarrollada o no, cada particularidad que expresamos nos define, de la misma forma que nos definen las particularidades de nuestro rostro, de nuestro cuerpo, y de nuestra personalidad.

Si comentamos que tal persona es de una determinada característica (buena o mala) es que en nuestro espejo esa característica aparece, que es lo mismo que decir que está en nuestro ADN. Ya sea porque está instaurada total o parcialmente, es que tenemos esta característica. En otras palabras, no podemos saber de aquello que no sabemos.

Si nos concentramos en ver en los demás buenas acciones, entonces de nosotros fluirán buenas acciones. Y en ese proceso la queja y la crítica irán gradualmente dejando de ser parte de nuestra particularidad. Ambas, queja y crítica en forma constante, nos quitan energía y pueden llegar a enfermarnos en el largo plazo. Hacerse mala sangre por todo puede ser un resultado de cumplimiento literal. La circulación de sangre tóxica va afectando nuestro cuerpo físico hasta exterminarlo. Cuando nos detenemos en las malas acciones debemos reconsiderar nuestra opinión y nuestro propio espejo.

Con el tiempo logré descubrir que ciertos aspectos que tenían mis padres y abuelos actuaban en mí como creencias limitantes. Es decir, las había adoptado como propias. Pero por suerte, con el conocimiento adquirido y mi entusiasmo por mejorar, entendí muchas cosas. Entre las más importantes está que esas creencias limitantes adquiridas de mis padres, abuelos y demás ancestros las podía transformar en creencias habilitantes e inspiradoras, con el simple hecho de considerarlos a ellos como mis maestros desde el pensamiento inverso. Y así es que hoy ellos me enseñaron que sólo tengo que HACER mi SER y así poder SER yo quien soy y quien deseo SER. ¡Gracias queridos ancestros! ¡Mi éxito es vuestro éxito! Lo estamos logrando juntos.

Es por eso que sugiero no enojarse con los padres, hermanos, parejas, hijos y amigos; ¡ya que ellos son nuestros grandes maestros y que algunas veces nos enseñan que es lo que NO debo hacer para ser feliz!

Empleabilidad

Definir "Empleabilidad" es analizar nuestro valor *futuro o* nuestra capacidad de desarrollar un producto o servicio que resulte efectivo y económicamente rentable para una empresa. En otras palabras, la empleabilidad es la razón por la cual nos contratan en una empresa o nos elije un cliente.

La empleabilidad es la característica más importante de un individuo en una organización. Las empresas no contratan gente para desarrollar una labor en el pasado. (Todavía no existen las máquinas del tiempo para ir a trabajar años atrás).

La gente escribe en sus currículums u hojas de vida sus logros pasados. Obviamente es importante y necesario describir los estudios y empleos anteriores ya que ello es considerado una declaración de habilidades y conocimientos. Pero el 99% de los currículums son un viaje al pasado. Dejan librado a la interpretación de quien los lea si son aptos para desarrollar la actividad requerida hoy y mañana en una empresa.

Siguiendo esa línea de pensamientos, podemos decir entonces que también están mal redactadas las búsquedas de empleo. Pues ponen requisitos de habilidades y conocimientos sin prever el potencial comportamiento futuro.

Nuestra recomendación es escribir con verbos y no con sustantivos y adjetivos su currículo, poniendo énfasis en su valor futuro, su capacidad de hacer (su potencial). Esto determina un patrón de comportamiento, el cual puede ser estudiado cualitativa y cuantitativamente por las palabras usadas.

La preparación es fundamental para la empleabilidad debido a que desarrolla empleabilidad futura. El comportamiento futuro está determinado por la actitud frente a esta reflexión. En consecuencia, consideramos de suma importancia reflexionar sobre su empleabilidad. En cualquier momento de la vida, ya sea en la juventud, en la adultez o en la vejez, pueden desarrollarse actividades lucrativas y satisfactorias con alto grado de empleabilidad. Como ya dijimos, todo depende del encuentro entre la preparación y la oportunidad.

Redes individuales y organizacionales

Les compartiremos algunos principios que les serán esenciales para desarrollar redes. Estas redes son invisibles, no se ven, están en el aire. Observemos de qué manera simple podemos ampliar nuestra cartera de clientes. Puede que una persona conozca a muchos clientes que uno quisiera que le presenten, pero desconocemos si tienen influencia sobre ellos. Quizás, contrario a nuestro pensamiento, el sólo hecho de que esa persona nos recomiende a un cliente es una garantía de que jamás lo tendremos en nuestra cartera.

En un estudio probabilístico de semejantes se invitó a empleados a anotarse en unos entrenamientos. Claramente los "top performers" (personas de excelente desempeño laboral) eligieron los horarios y cursos que la mayoría no eligió.

¿Es probable determinar el comportamiento de una persona por su desarrollo en redes individuales y organizacionales? La respuesta es sí. Requiere de mucho trabajo, pero el comportamiento de personas exitosas responde a las comunicaciones con sus empleados. Estas personas nunca dejan comunicaciones relevantes sin contestar. Claramente si alguien así nos responde una comunicación, significa que somos relevantes para la organización. Pero si no nos responde, no significa lo contrario.

Con esto definimos un principio inalterable, la buena comunicación con líderes nos posibilita avanzar. En reglas matemáticas de comportamiento, sólo se estudian los casos favorables a un enunciado. Por lo tanto, quédense tranquilos que una falta de comunicación tiene un seguramente un resultado neutro, no se sabe en realidad.

En patrones de comportamiento no hay sí o no. Hay tres estados. Sí, No, y No sé. Vemos una comunicación de redes que nos sirva para proyectar un resultado favorable para avanzar en la organización:

a. Buena comunicación con líderes: **Sí** hay posibilidad.
b. Mala comunicación con líderes: **No** hay posibilidad salvo la aparición de un suceso que mejore la comunicación, como un logro.
c. No hay comunicación: **No sé** si habrá posibilidad.

Hay muchos tipos de redes. Lo importante es ser uno mismo un conector de redes. Como si fueran una confluencia de rutas. La cantidad de conexiones puede resultar de importancia en alguna área.

En las redes organizacionales se incorporan principalmente puestos y funciones. En las redes personales se estudian conocimientos, habilidades y semejanzas.

Trabaje sus redes. Será explicado en más profundidad en la regla PIE unas páginas más adelante.

Les proponemos un ejercicio para acercar este tema a su realidad circundante:

¿A través de qué medios enriquezco y entro en contacto con mis redes de personas, ya sea a nivel individual u organizacional, para identificar oportunidad, conseguir trabajos, proyectos, clientes, y demás?

Marketing de uno mismo

Seamos claros, si nosotros no hacemos marketing de nosotros mismos, no podremos exigirles a los demás que hagan por nosotros lo que nosotros no podemos hacer por nosotros mismos. Parece un trabalenguas, pero no lo es. Es un concepto básico y simple que debe aplicarse a todas las áreas de la vida.

Miremos la red LinkedIn. Millones de personas tienen su historia de vida escrita allí. La mayor parte de la gente la hace a las apuradas, casi sin respeto a su propia trayectoria o prestigio. Ponen sus empresas y títulos como si fueran un menú, sin posibilidad alguna de que otro perciba sus talentos, su accionar, su propia felicidad y su entusiasmo.

Son como un perfil (profile) de personas muertas, años sin cambiar ni la foto, ni los objetivos, ni actualizando las nuevas habilidades adquiridas, ni los últimos logros. Un punto interesante es que LinkedIn y las redes sociales enfrentan un difícil desafío, que es qué hacer con la gente que ha fallecido. Muchos siguen ahí, como observándonos y dándonos el ejemplo de lo que no debemos hacer.

Hacer marketing de uno mismo es prepararse todos los días, periódicamente cambiar la foto de nuestras redes sociales, sonreír, producir estudios, adquirir más conocimiento y capacitación en las áreas de experiencia, generando así en los demás entusiasmo por uno mismo, por nuestras capacidades y habilidades, por nuestros logros, inventiva y creatividad.

Les damos una recomendación, piensen en la cantidad de horas que consumen todos los días laborables en ir al trabajo. Supongamos que tardan media hora en ir y media hora en volver a sus hogares. Eso equivale a más de 200 horas al año. ¿Saben cuántos libros, podcasts, TEDx en audio pueden escuchar al año? ¿cuántas personas de sus redes y empresas han desarrollado audios interesantes? ¿A cuántos has saludado y compartido opiniones?

Todos sabemos que un producto necesita un marketing apropiado para llegar a sus clientes. Tú también lo necesitas. Prepárate, investiga, estudia y trabaja en crear tu propio marketing.

¿Cuál es el mejor marketing? Aquel basado en méritos no en palabras, ni en circunstancias o subjetividades.

Ejercicio: Marketing de mí mismo – Personal Branding:

En una escala del 1 a 10, ¿cuánta relevancia le has dado al concepto: "soy mi propia marca" en todo momento? Justificar la respuesta numérica.

_____

_____

_____

_____

PIE - Performance - Imagen - Exposición

El autor Harvey Coleman creó una regla llamada **PIE** que, a nuestro entendimiento, es una de las metodologías más relevantes para empoderar gente.

La **P** significa en inglés *Performance*, y en español significa Desempeño. Esta palabra habla de la importancia de la efectividad y de la productividad en base a resultados. El ranking de un deportista o los resultados de un científico se clasifican en este área.

La **I** en inglés significa *Image*, y explica la importancia de la imagen, tanto física, la oral, y también la actitudinal. Si voy a jugar a un deporte me visto adecuadamente a la imagen de ese deporte; si voy a dirigirme a una persona que quiero, le escribiré en forma manuscrita lo cual demuestra que esa persona es espacial para mí; si tengo una reunión llegaré temprano para dar una imagen de ser una persona organizada, seria y responsable.

Nos gusta citar las fortalezas de grandes influenciadores., ejemplos hay muchos, pero dos que nos gustan especialmente son la creatividad de Disney, que genera pasión a niños y grandes alrededor del mundo desde hace más de 50 años, y la historia de Onassis, quien fue a la Argentina con una gran visión; al comenzar su carrera vivía en un hotel caro, siempre vestía las mejores prendas, e invitaba a banqueros a la suite de su hotel. De esa manera daba la imagen de éxito.

¿Cómo podemos nosotros trabajar nuestra imagen para que refleje éxito, seriedad, profesionalismo y confianza? Un buen ejemplo que aplica perfectamente aquí es devolver los préstamos antes de la fecha de vencimiento, el cual le asegura que le vuelvan a prestar. Y también pedir un poco más de lo necesario, para contingencias. (ya que, si necesitara pedir nuevamente, ¿qué imagen de éxito estaría proyectando?)

La **E** significa en inglés ***Exposure***, (Exposición en español) y habla de la importancia de mostrarse, de estar en la mente de la gente y de ser conocido y reconocido, por las mejores razones.

Para ser invitado a un torneo de golf, debo saber jugar al golf (**Performance**), debo vestir a la usanza de ese deporte (pantalones, zapatos, remeras, paraguas, palos, pelotitas), debo hablar los términos y reglas (**Imagen**), y debo ser conocido, estar en la mente de los organizadores de ese torneo para que, al momento que piensen en quién invitar, su nombre fluya en sus mentes (**Exposición**).

¿Qué porcentaje de importancia tiene cada letra para nosotros?

Cuando se le pregunta a la gente que porcentaje de importancia le parece que tienen estos tres factores con relación a su marketing personal, la mayoría responde que: performance es la más importante y menciona porcentajes de importancia entre 80% a 95%, y el porcentaje de importancia de la imagen oscila entre el 20% y el 5%. Y ¿la exposición? Es el único que para la mayoría de la gente tiene un porcentaje de importancia que inclusive llega a 0%. Sí, cero por ciento.

El porcentaje que les proponemos es 70% para Exposición, 20% para Imagen, y 10% para Performance, pero cero errores en todas, con buena nota. ¿Qué quiere decir eso? Que nuestro compromiso debe ser siempre 100% con cada letra. Es decir, excelente performance (100% bien) y excelente Imagen (100% bien). Pero la exposición es la más importante para crecer. Para entenderlo mejor, pongamos este ejemplo: Si hay dos personas cuya excelente imagen y performance los empata, quien será ascendido será quien sea más reconocido, quien esté más presente en la mente de la gente que toma las decisiones.

Ejercicio 1: Modelo PIE.

De una escala de 1 a 10, ¿cómo me observo en cada uno de los aspectos del modelo? - Justificar la respuesta numérica.

Atributo	Puntaje	Justificación	Compromiso
Performance			
Imagen			
Exposición			

Ejercicio 2: *¡Consignar un "compromiso - simple - de acción individual" para implementar dentro de las próximas 24 horas!*

AVANCEMOS

Avancemos

A esta altura de la lectura, ya **comenzamos** analizando nuestros objetivos, vimos nuestra **constelación** sintiendo que somos un sistema integrado (un todo) formado por un conjunto de elementos, y revisamos aspectos importantes de nuestras **particularidades**.

Nos quedan 2 pasos: Avanzar (Ejecutar), y realizar el futuro (alcanzar las metas). Sigamos entonces.

Avanzar es descubrir el camino.

No hay que intentar saber qué hay detrás de la montaña cuando uno está en la base de una. Sólo cuando lleguemos a la cima podremos ver qué hay del otro lado de esa montaña. Tal vez sea un valle o un océano, o tal vez nos encontremos con centenas de montañas más. Pero esa información no la tendremos hasta que lleguemos a la cima.

Plan de la vida – Plan B – Plan A

Pusimos primero un plan, luego una B, y luego una A. ¿Está bien así? Les preguntamos haciendo uso del recurso de la retórica.

Sí, así es la construcción de un plan.

Primero establecemos el plan de la vida en general: el lugar de residencia, los viajes, los estudios, los hábitos, las habilidades y los conocimientos, todo basado en las necesidades de las circunstancias que nos rodean. Aquí lo importante es desarrollar los cimientos que nos permitirán transitar cualquier camino.

Ese plan debe ser revisado y mantenido tal como hacemos con el service de un auto.

¿Por qué Plan B antes del Plan A? Estos planes van unidos, siempre juntos. Por seguridad cuando entramos a un lugar tenemos que saber dónde está la salida. Es como la ordenanza de ley que obliga a los establecimientos a señalizar las salidas en caso de incendio. Es una buena metáfora para desarrollar.

Recomendamos un plan en relación de dependencia (para los emprendedores es, generalmente, su propia empresa), y un plan independiente (donde el objetivo es pasar por las etapas de auto empleado, a dueño y luego a inversionista).

La libertad financiera está relacionada a ganar dinero invirtiendo. Por ende, el Plan A o el Plan B debe finalizar en la estación de inversionista.

Maratonistas versus Velocistas

Nos gustan estas distinciones. Aclaremos que a Ariel le encantan los deportes de resistencia. Ha sido triatlonista (Half Iron) por lo que ha sabido combinar grandes distancias de nado en el mar, bicicleta y trote.

Ser **maratonistas** se trata de resistencia en largas distancias. Se concentra en administrar el esfuerzo, la energía, la persistencia y la armonía a través de un largo período de tiempo. Requiere mucho entrenamiento y preparación. Si regulan mal el esfuerzo, no llegan a la meta.

Ser **velocistas** se trata de velocidad en cortas distancias. Se concentra en llegar más rápido a la corta meta. Los grandes problemas de salud se producen en velocistas, pues pequeños percances sucedidos en tan poco tiempo hacen que la meta no se logre.

En la trayectoria de una persona dentro de una organización observaremos ambos estilos. Personas que corren rápido y que no llegan a la meta, y maratonistas que sin prisa y sin pausa se acercan a la meta con persistencia y determinación.

En las empresas se necesitan ambos perfiles. Simplemente hay que elegir entre ambos dependiendo de cada función. Los equipos de distintos estilos han demostrado técnicas de alto rendimiento.

Exportarme

¡Cuán importante es desarrollar este tema! Cuando salimos de nuestro hogar, exportamos nuestras habilidades y nuestros conocimientos fuera de nuestra área de confort. Avanzamos en caminos buscando y encontrando respuestas.

Exportar es la única solución para el crecimiento de un país. Es la única metodología que brinda reales resultados para amortiguar riesgos de ingresos en distintas monedas.

Exportar y exportarme no son una cuestión de debate. Son una cuestión de supervivencia. Aquellos que exporten o que trabajen para quienes exportan sobrevivirán.

Pensarse como un ciudadano global y educar a nuestros hijos con ese modelo de vida, hace que mañana nuestros hijos cuenten con más libertad para elegir. Hoy las barreras para viajar, vivir en un país de manera económica y trabajar en otro en forma remota, y mover divisas de un país a otro es mucho más simple que hace décadas atrás. Hoy el mundo el global y los jóvenes viven globalmente desde sus casas, la calle y escuelas a través de gran diversidad de dispositivos tecnológicos.

Muchos pensarán que es complejo, difícil e inconveniente. Pero para muchos es y ha sido enormemente exitoso en muchas áreas de la vida. Los límites están en nuestra mente. No se pierde nada con hacer la prueba. Uno puede vivir un tiempo en la patria de sus afectos y otro tiempo donde genera el dinero de manera más eficiente que en su propio país. ¡Regionalizar la billetera da tranquilidad, no sólo liberta financiera!

Problema – Obstáculo – Adversidad - Oportunidad

Este ejemplo ya lo vimos, sin embargo, queremos repetirlo pues lo trajo un asistente al taller y queremos compartirlo.

Un problema se resuelve, un obstáculo se sortea o trasciende y la adversidad se acepta. Suena simple pero no es fácil. ¡Saber discernir todo lo que nos pasa y nos preocupa en la vida, y poder categorizarlo en uno de los tres conceptos puede ser un antes y un después en cómo llevaremos adelante nuestra vida!

Supongamos que viene una factura la cual pago. Con esa acción se termina el problema. Si no la pago se transforma en un problema postergado. Al no accionar para superarlo, se incrementa y agrega complejidad a la situación, la cual puede dificultar aún más su resolución y transformarse en una adversidad.

Entonces, si no pago la factura, el problema se transforma en una adversidad; sin luz de por vida en mi casa hasta que no pague es un escenario difícil de enfrentar, y entonces aparece el enojo. Por lo tanto, hay que aceptar, resignarse o pagar.

¡Tengamos en cuenta las adversidades que supimos crear nosotros mismos, ya sea por desatender, por olvido, ignorancia o desidia! Es definitiva, los problemas que postergamos largamente en el tiempo nos llevan sí o sí a la adversidad.

Bajo los gastos – Virus de la carencia

Para entender este concepto usemos el siguiente ejemplo: Nos encontramos en una situación en la vida la cual económicamente me requiere bajar los gastos.

Muchas veces escucho que frente a un panorama recesivo dentro del contexto país, o frente a una situación económica complicada, las personas optan por bajar sus gastos y ajustarse el cinturón. Dejan de hacer determinadas cosas que les gustan o dan placer, postergan estudios o terapias, cambian productos de una marca por otra marca más económica, y demás. Estas son las primeras acciones que realizan para lograr el objetivo de bajar sus gastos.

Estas acciones no les garantizarán que su vida mejore. Lo que sí les aseguro es que en su mente se instalará un virus llamado carencia, que está muy asociado a la mezquindad por miedo. Este virus impide que fluya hacia nosotros la abundancia en todas sus formas y el sentirnos merecedores de Ser Íntegros, abundantes y dichosos.

Bajar los gastos económicos conlleva a una baja emocional, porque al reducir mis gastos aparece la carencia, la falta de comodidad, y emocionalmente surge la carencia emocional.

La carencia de afecto impacta el amor.

La carencia de atención impacta el vínculo.

La carencia de habilidades impacta el desarrollo.

La carencia de soporte afecta la salud.

El merecimiento es la fuerza para mover la escasez que se instala entre nosotros y genera la abundancia.

En las épocas de crisis JAMÁS tengo que bajar mis gastos (esto es focalizarse en mis problemas), lo que debo hacer para vivir es AUMENTAR MIS INGRESOS (esto es estar focalizado a mis soluciones).

Cada vez que descanso y duermo la MENTE está trabajando para mis objetivos. ¡¡¡Tengo que formularle preguntas para que por la mañana me aporte soluciones!!! ¡La mente es nuestra Lámpara de Aladino! Está a nuestro servicio, ¡¡¡utilicémosla siempre a nuestro favor!!!

Cuidado con la procrastinación

"¡La procrastinación es una gran enfermedad de la sociedad!!!" No queremos escribir más de lo que hay escrito en internet, salvo recalcar el concepto: ES UNA ENFERMEDAD, es postergar indefinidamente o para último momento lo "importante y no urgente" para nuestra vida, y su cura es **avanzar**. Con esta frase queremos terminar el segmento de Avanzar. ¡Ahora si podemos ponernos en marcha hacia el **futuro!**

SOSTENER

EL

FUTURO

Sostener el futuro

No hay nadie que se ocupe más de ti que tú mismo.

Ocúpate.

Usa 10 segundos para decidir y determinarte a tener salud, comer bien, y vivir sanamente.

Sustentar los resultados es consecuencia del trabajo diario, no te descuides, siembra el avance todos los días.

Sostener un avance de 2 milímetros diarios significa recorrer 7 metros y medio al año.

No mirar atrás

Hay un relato religioso que muchas veces nos llamó la atención. Es la historia de Edith, la mujer de Lot. Ella, al darse vuelta desobedece un mandato y se convierte en estatua de sal, un castigo impuesto por la curiosidad de ver la destrucción de su ciudad.

Para avanzar en la vida es necesario no mirar *atrás.* *Atrás* significa el pasado y la muerte, y *adelante* está el futuro: la vida.

Dejar atrás el pasado también equivale a dejar de analizar a los padres y ancestros. Los temas de los padres son de los padres, pues los temas de pareja son temas de pareja.

Es hora de decir basta y dejar de reclamar o reprocharles a ellos por lo que no me dieron o pudieron dar. Que me abandonaron, que fueron ausentes o que murieron cuando era pequeño. ¡¡¡¡BASTA!!!! ¡Suelta, agradece, apóyate en ellos, y date la vuelta mirando al futuro, sintiendo su apoyo y el de tus ancestros detrás y avanza!

A mi consulta viene gente de todas las edades y la constante es el reclamo o reproche a sus padres. Pregunto: ¿hasta cuándo? ¿Cuándo dejaras de ser hijo/a? Los hijos son pobres y dependen de sus padres, no pueden y tampoco tendrán nunca el poder. Los hijos cuando maduran se transforman en adultos. Los adultos son responsables de sí mismos, y deben hacer lo mejor que puedan con sus vidas con aquello que sus padres han hecho por ellos y lo que han podido darles.

Agradéceles por tu vida y por todo lo que te pudieron dar. Ríndete a lo que fue y acepta lo que es, que la vida es así. Con todo lo que te pudieron dar tienes todo lo necesario para Ser quien desees ser. Cuando esto lo sientas profundamente en tu corazón, ya no habrá más reclamos ni reproches. Será el momento en que dejes de ser hijo/a pobre y te transformes en un Padre/Madre rico y comenzarás a tener la fuerza para DAR.

Intervenir

Una Intervención sistémica en nuestra vida e intervenir en la vida de otros.

Recordamos con emoción la asistencia brindada a un participante que se encontraba aburrido. Nos contó que cumplía con su trabajo y sus obligaciones, pero su falta de emoción y reconocimiento lo estaban hundiendo. Para todos escuchar que esa persona había tenido 3 intervenciones cardiovasculares donde se le colocaron *stent* y que se encontraba en la mitad de su vida con 50 años fue conmocionaste. (Nota: el *stent* es un procedimiento que ayuda a las arterias de nuestro corazón a no taparse y como resultado alarga la vida de la gente. Fue inventado por un argentino llamado Julio Palmaz).

La intervención sistémica que realicé determinó que este participante estaba emocionalmente muerto. Su corazón se estaba tapando y la rutina decrecía su entusiasmo. El *stent* intervino en su vida para que se hiciera las preguntas importantes que necesitaba sobre su rutina y su trabajo. En ese momento entendió que su tarea para la segunda parte de su vida era reinventarse y buscar sus pasiones, y así revivió. La colocación de los *stent* le sirvió como una curación desde el punto de vista médico-científico. Sin embargo, para él representó más que ello; representó revivir, re-vivir, doblemente vivir.

Este participante nos hizo sentir a los que estábamos allí presentes que había nacido de vuelta. Se estaba reincorporando a su familia y eso nos llenó de emoción. Por esa razón le estamos dedicando la inmortalización de ese momento tan importante para él a través de estas palabras.

El desafío fue asistirlo a encontrar el camino, pero fue él mismo quien mostró sus luces, las cuales tímidamente fueron apareciendo. Así él descubrió que le gustaba dar reconocimiento, ayudar, recomendar, solucionar problemas, resultó ser un coach, un mentor natural, sin embargo, él no lo sabía. El paso siguiente fue intervenir y hacerle ver su habilidad natural para dedicarse al coaching. De esa manera podría reconvertir su vida, su empresa, sus clientes, sus proveedores, y también ayudar a otros a reconvertir sus propias vidas. Podría ser tanto placentero como lucrativo. Coaching puede ser su *stent* para su hacer empresarial, laboral y familiar. Y también su hacer en el Dar. Nadie puede asegurar al éxito desde la silla. El camino se irá descubriendo a medida que se avance.

Consideramos que este es un buen ejemplo de cómo intervenir sistémicamente sin necesidad de realizar una Constelación y de paso citar este invento argentino. ¿Por qué? Porque Julio Palmaz tuvo un objetivo muy claro, como médico quería ayudar a la gente, y su deseo, perseverancia y determinación hoy salvan la vida de cientos de miles de personas. Si les interesa, pueden leer su historia en internet. Trascribir aquí lo que está mejor explicado en internet no es nuestra intención. ¡Por suerte existe internet!

Para cerrar este primer libro sobre "Transitando Etapas Vitales" queremos mencionar el hermoso trabajo que realizó un participante, quien le escribió una carta a su padre: *"...ya no puedo detenerme, nuestro avance está en el corazón..."* Escucharla nos emocionó inmensamente a todos. Nos arrancó lágrimas y aplausos. Te agradecemos profundamente por ese momento, lo sentimos como un hermoso regalo que atesoraremos por siempre.

Con unas pocas de sus palabras elegimos finalizar este libro, y así invitarlos a que nos acompañen en la acción que ellas nos inspiran. Sus palabras sintetizan de manera elocuente ,y concisa, nuestro mensaje:

¡No detengas tu avance!